Descobrir Jogos Online Grátis

Disponível Aqui:

BestActivityBooks.com/FREEGAMES

5 DICAS PARA COMEÇAR

1) CÓMO RESOLVER LAS SOPA DE LETRAS

Os puzzles têm um formato clássico:

- As palavras estão escondidas sem espaços ou hífenes,...
- Orientação: As palavras podem ser escritas para a frente, para trás, para cima, para baixo ou na diagonal (podem ser invertidas).
- As palavras podem sobrepor-se ou intersectar-se.

2) APRENDIZAGEM ACTIVA

Ao lado de cada palavra há um espaço para anotar a tradução. Para encorajar a aprendizagem activa, um **DICIONÁRIO** no final desta edição permitir-lhe-á verificar e expandir os seus conhecimentos. Procure e anote as traduções, encontre-as no puzzle e adicione-as ao seu vocabulário!

3) MARCAR AS PALAVRAS

Pode inventar o seu próprio sistema de marcação - talvez já use um? Pode também, por exemplo, marcar palavras difíceis de encontrar com uma cruz, palavras favoritas com uma estrela, palavras novas com um triângulo, palavras raras com um diamante, e assim por diante.

4) ESTRUTURANDO A APRENDIZAGEM

Esta edição oferece um **CADERNO DE NOTAS** prático no final do livro. Nas férias, em viagem ou em casa, pode facilmente organizar os seus novos conhecimentos sem a necessidade de um segundo caderno!

5) JÁ TERMINOU TODAS AS GRELHAS?

Nas últimas páginas deste livro, na secção **DESAFIO FINAL**, encontrará um jogo gratuito!

Rápido e fácil! Consulte a nossa colecção de livros de actividades para o seu próximo momento de diversão e **aprendizagem**, a apenas um clique de distância!

Encontre o seu próximo desafio em:

BestActivityBooks.com/MeuProximoLivro

Aos vossos lugares, preparem-se...Vão!

Sabia que existem cerca de 7.000 línguas diferentes no mundo? As palavras são preciosas.

Adoramos línguas e temos trabalhado arduamente para criar livros da mais alta qualidade para si. Os nossos ingredientes?

Uma selecção de tópicos adequados à aprendizagem, três boas porções de entretenimento, e depois acrescentamos uma colherada de palavras difíceis e uma pitada de palavras raras. Servimo-los com amor e máximo divertimento, para que possa resolver os melhores jogos de palavras e se divirta a aprender!

A sua opinião é essencial. Pode participar activamente no sucesso deste livro, deixando-nos um comentário. Gostaríamos de saber o que mais lhe agradou nesta edição.

Aqui está um link rápido para a sua página de encomendas:

BestBooksActivity.com/Avaliacoes50

Obrigado pela vossa ajuda e divirtam-se!

A Equipa Inteira

1 - Dirigindo

```
V X I M F X O A E V F R Â N E G
E K W O Q C G Q L B F Ă P L H A
V Z X T R O P S N A R T Ț E J R
P V N O F O C J A J B R F E G A
C Q C C T T G D B C P A B S U J
P Q V I R L R K K R C H D Q A Ț
E R Ț C S H P K D N M I F X T L
U R J L O C I R E P P B D B Ț R
B Ț V E I T I L O P Q P P E H N
W L A T C E L Ț Q T O V I D N G
L W Q Ă Ț N E C I L O Z E S L T
S T R A D Ă N I Ș A M M T J X D
S Y V M P R U D E N Ț Ă O P G W
C O M B U S T I B I L Y N X A G
Y A I V T R A F I C G A Z G B B
Z Ț X S H R D S I G U R A N Ț Ă
```

ACCIDENT	MOTOCICLETĂ
MAȘINĂ	MOTOR
COMBUSTIBIL	PIETON
PRUDENȚĂ	PERICOL
DRUM	POLITIE
FRÂNE	STRADĂ
GARAJ	SIGURANȚĂ
GAZ	TRANSPORT
LICENȚĂ	TRAFIC
HARTĂ	TUNEL

2 - Antiguidades

```
L  Ă  O  W  G  P  Ț  V  S  Ț  P  B  F  N  A  E
C  T  I  U  N  Ș  I  B  O  E  N  A  W  M  U  N
A  R  I  E  E  C  E  L  V  R  C  O  H  O  T  T
L  A  Ț  R  L  H  X  E  E  P  G  O  T  B  E  U
I  B  I  A  Q  E  Q  I  C  E  A  E  L  I  N  Z
T  H  T  O  K  W  G  Ț  H  V  L  R  I  L  T  I
A  W  S  L  H  K  I  A  I  J  E  A  T  I  I  A
T  E  E  A  H  X  H  T  N  P  R  R  S  E  C  S
E  O  V  V  I  O  X  I  B  T  I  U  U  R  E  T
M  Ț  N  H  F  T  K  C  M  G  E  A  S  J  Q  C
R  T  I  C  M  P  D  I  F  O  S  T  I  Ț  F  Y
A  R  T  I  C  O  L  L  R  Y  N  S  H  S  E  L
S  Ț  S  C  U  L  P  T  U  R  Ă  E  P  J  W  O
C  E  S  Ț  K  J  L  A  P  Z  R  R  D  F  M  G
Y  T  T  I  N  G  O  A  R  Ț  N  R  I  E  Ț  A
D  E  C  O  R  A  T  I  V  C  X  Ț  I  D  E  T
```

ARTĂ	ARTICOL
AUTENTIC	LICITAȚIE
DECORATIV	MOBILIER
ELEGANT	MONEDE
ENTUZIAST	PREȚ
SCULPTURĂ	CALITATE
STIL	RESTAURARE
GALERIE	SECOL
NEOBIȘNUIT	VALOARE
INVESTIȚII	VECHI

3 - Churrascos

```
N P F C G F P C E P V R N H N W
V T C U R F A R H R A T U R J W
W Ţ F Ţ Ă A N M Â F R I O T O M
R M F I T A I P I N Ă F X L C U
S O S T A P C U F L Z R A I U Z
W C A E R A S I M I I P O C R I
P L L T B I F Ţ C X B E S S I C
J I R A N O J D T Ţ I M B H I Ă
B M O L J Z C P U Q Q U B U U I
T S D A U J E Q G V M G D Ţ R U
L S Q S V T B Y W U O E M A O F
P F I E R B I N T E V L I W S M
I I N V I T A Ţ I E O O S W K S
P C A B G Q F U D A T B G B F K
E W H J H O T C K P R E U I L B
R Q K S K J S P H V Q U S U D S
```

PRÂNZ
INVITAȚIE
COPII
CUȚITE
FAMILIE
FOAME
PUI
FRUCT
GRĂTAR
CINA

JOCURI
LEGUME
SOS
MUZICĂ
PIPER
FIERBINTE
SARE
SALATE
ROSII
VARĂ

4 - Pesca

```
F  Y  C  W  Y  E  R  A  D  B  Ă  R  M  P  T  B
O  X  J  B  Q  Y  X  N  J  C  P  S  O  B  H  I
Q  Y  R  S  Ţ  T  E  A  X  I  Y  U  M  U  Â  R
X  P  J  Q  Ş  O  C  E  G  V  H  H  E  C  A  L
G  I  L  R  Â  C  H  C  R  E  A  E  A  Ă  R  S
A  P  Ă  A  J  M  I  O  S  F  R  G  L  T  I  M
L  U  B  O  J  R  P  C  J  Â  Y  A  Ă  A  P  B
F  A  L  C  Ă  Ă  A  Ţ  U  O  R  T  R  R  I  X
J  W  Y  V  W  A  M  Z  X  C  X  M  U  E  O  Ţ
D  L  B  U  L  F  E  B  A  R  C  Ă  Ă  I  A  L
D  N  S  I  I  H  N  A  R  B  P  A  Z  W  R  T
J  Q  G  C  N  M  T  F  S  Z  T  F  G  J  E  Y
G  Ţ  I  J  O  Q  E  M  M  Z  D  S  P  E  S  J
I  P  C  L  M  I  R  R  J  E  Q  I  F  J  W  X
C  B  Q  G  R  E  U  T  A  T  E  L  V  D  I  A
K  N  F  L  L  H  W  L  A  C  S  E  Z  O  N  D
```

APĂ	MOMEALĂ
ARIPIOARE	LAC
BARCĂ	FALCĂ
BRANHII	OCEAN
COŞ	RĂBDARE
BUCĂTAR	GREUTATE
ECHIPAMENT	PLAJĂ
EXAGERARE	RÂU
SÂRMĂ	SEZON
CÂRLIG	

5 - Geologia

```
N R F J P T S E P N A A F D I R
Ț U V Ț R I S T R G Q Ț G E C V
C O R A L C A E A O U S P L F W
T T U I Q A U T H L Z U V A D A
V A M A U V F I R O A I N R P J
Q L E U R E Z M N Ă G C U E C I
Q P R D W R G G S N T L T N O W
L A T K O N S A F O L A Z I E Z
Ț E U D K Ă P L F Z P C A M T X
B S C T K W F A O Z A C U A R Ț
S A R E C Y D T S N C E I S T U
V U L C A N D S I C I O R Z A P
C R I S T A L E L H D L B A U V
S T R A T L E F E Q O A Ț L S T
C O N T I N E N T B N V E S F E
P J L R I C D M Z B A Ă L E P M
```

ACID	FOSIL
STRAT	LAVĂ
CAVERNĂ	MINERALE
CALCIU	PIATRĂ
CONTINENT	PLATOU
CORAL	CUARȚ
CRISTALE	SARE
EROZIUNE	CUTREMUR
STALACTIT	VULCAN
STALAGMITE	ZONĂ

6 - Ética

```
C V Z I D R R R Y C V N Y W K O
O A W N I M E M Ă L P L T W P C
M L Î T P D S S L B W Q V U J E
P O N E L E P I I E D E Z U G T
A R Ț G O M E L L T Ț A S R R O
S I E R M N C A I A C V R P J L
I U L I A I T U B T E H S E C E
U M E T T U D A Ă K R I I C R
N A P A I A O I N N M C X F O A
E N C T C T S V O U S X K O O N
H I I E Y E Ț I Z B I Q J Z P Ț
P T U W G O Q D E N M Ț A O E Ă
T A N T J J F N R S I E K L R J
K T E Z Z M S I U R T L A I A P
I E K A A R X U M U P K O F R U
N E T A T I T S E N O M R C E D
```

ALTRUISM

BUNĂTATE

COMPASIUNE

COOPERARE

DEMNITATE

DIPLOMATIC

FILOZOFIE

ONESTITATE

UMANITATE

INDIVIDUALISM

INTEGRITATE

OPTIMISM

RĂBDARE

REZONABIL

REALISM

RESPECTUOS

ÎNȚELEPCIUNE

TOLERANȚĂ

VALORI

7 - Tempo

```
C T Y H I I T Q I D C L I W L W
A L L O A C U M E I A O O F B B
C A I G Z Y N F R M L C R S Z T
R U I P V M I A I I E E O Ă A M
C N C S Ă P M Y B N N S T N W H
U A E K Z N D R Z E D H I Â L F
N G A G A P P R Q A A R I M N T
C X S Y I W Z L Q Ţ R X V Ă O T
N Y W B M P Q H J Ă E I A T W P
D X U Y A K B Z W B J Ţ N P S J
Q E A O Q O Y U W E J Z R Ă D G
Z W C N O U E E I X W I R S I Y
W M X E Q J U N D Z M G Ţ Q R F
W T M C N N O A P T E R J K Z B
L U N Ă T I Î N A I N T E I F N
U V C E H X U Ţ E E P W A Z I Q
```

ACUM	DIMINEAŢĂ
AN	AMIAZĂ
ÎNAINTE	LUNĂ
ANUAL	MINUT
CALENDAR	CLIPĂ
DECENIU	NOAPTE
ZI	IERI
VIITOR	CEAS
AZI	SĂPTĂMÂNĂ
ORĂ	SECOL

8 - Astronomia

```
E  U  H  E  I  Ț  A  L  E  T  S  N  O  C  R  T
C  N  C  I  L  Z  Y  U  S  L  B  T  X  K  O  D
Q  I  B  Ț  B  F  Q  N  N  V  U  H  J  N  T  C
A  V  J  A  K  H  F  A  T  Z  I  A  K  P  A  Ă
Y  E  D  I  O  R  E  T  S  A  Ț  R  I  Ț  V  V
Ț  R  E  D  G  A  Q  Z  E  U  C  A  G  W  R  O
M  S  Y  A  D  V  Ă  Ă  S  A  O  L  U  B  E  N
P  E  G  R  S  A  S  T  R  O  N  O  M  Q  S  R
C  L  T  A  J  Z  O  A  E  O  I  S  E  Q  B  E
F  K  A  E  O  G  M  Z  W  H  H  V  I  J  O  P
H  H  X  N  O  Ă  S  P  I  L  C  E  Q  V  Y  U
Y  I  L  F  E  R  O  J  C  G  E  A  S  Z  M  S
C  Ț  P  P  R  T  C  T  U  A  N  O  R  T  S  A
P  Ă  M  Â  N  T  Ă  Ț  P  W  C  U  N  C  V  Y
G  R  A  V  I  T  A  Ț  I  E  E  Z  G  H  F  K
R  O  Z  W  Ț  V  Z  O  R  K  R  B  Ț  G  R  Y
```

ASTEROID
ASTRONAUT
ASTRONOM
CER
CONSTELAȚIE
COSMOS
ECLIPSĂ
ECHINOCȚIU
RACHETĂ
GRAVITAȚIE

LUNA
METEOR
NEBULOASĂ
OBSERVATOR
PLANETĂ
RADIAȚIE
SOLAR
SUPERNOVĂ
PĂMÂNT
UNIVERS

9 - Acampamento

```
I  A  N  I  M  A  L  E  T  N  U  M  Z  O  S  X
N  C  G  E  R  N  P  S  Q  D  U  A  T  D  O  Ţ
S  F  Q  X  L  O  C  V  Â  N  Ă  T  O  A  R  E
E  E  A  L  D  Q  O  P  Ţ  F  T  R  A  S  C  P
C  B  C  S  M  K  P  Ă  S  W  R  O  D  A  X  Ă
T  S  A  H  E  N  A  D  X  U  A  C  B  R  F  L
Ă  A  L  K  I  O  C  U  X  T  H  D  S  U  O  Ă
N  Q  V  W  H  P  I  R  K  Z  U  K  P  J  C  R
I  L  M  E  G  A  A  E  K  Y  Q  H  E  Q  A  I
B  L  R  F  N  E  P  M  P  Y  L  W  C  A  M  E
A  U  P  Q  Â  T  Q  A  E  J  E  O  P  W  A  H
C  O  S  O  R  X  U  E  K  N  C  X  J  Y  H  D
I  R  H  O  F  D  C  R  Y  M  T  L  F  F  T  T
U  Y  M  M  L  B  N  W  Ă  G  L  U  G  J  E  V
A  Y  K  A  R  Ă  R  U  T  A  N  N  M  C  C  V
O  K  K  V  D  W  C  A  N  O  E  A  Z  W  Ţ  O
```

ANIMALE	PĂDURE
AVENTURĂ	FOC
COPACI	INSECTĂ
BUSOLĂ	LAC
CABINĂ	LUNA
VÂNĂTOARE	HAMAC
CANOE	HARTĂ
PĂLĂRIE	MUNTE
FRÂNGHIE	NATURĂ
ECHIPAMENT	CORT

10 - Emoções

```
E  D  Z  R  E  C  U  N  O  S  C  Ă  T  O  R  Y
X  P  R  P  L  I  C  T  I  S  E  A  L  Ă  D  S
C  A  F  E  M  A  T  U  C  Ă  F  S  I  T  A  S
I  C  U  F  L  W  D  T  W  O  E  Ţ  R  G  M  G
T  E  N  U  A  A  C  U  U  F  N  Q  R  O  I  A
A  S  L  R  C  U  X  L  K  S  K  Ţ  R  P  O  N
T  R  Z  I  O  E  T  A  P  X  F  X  I  X  N  E
F  E  Ţ  E  T  S  I  R  T  I  M  D  C  N  A  Ţ
S  I  M  P  A  T  I  E  J  E  N  A  T  F  U  C
D  R  A  G  O  S  T  E  Q  T  O  A  Q  E  R  T
A  U  S  T  F  Q  W  T  F  Ș  C  Q  N  R  Y  E
Ă  C  I  R  F  L  F  B  Ţ  I  G  M  E  I  R  Z
S  U  B  C  Ţ  R  R  J  G  N  H  Z  B  C  Y  C
H  B  F  W  Y  H  M  J  B  I  V  K  L  I  Y  U
B  U  N  Ă  T  A  T  E  E  L  R  T  E  R  H  Z
W  P  E  T  A  T  I  L  I  B  I  S  N  E  S  A
```

BUCURIE	PACE
DRAGOSTE	FURIE
EXCITAT	RELAXAT
FERICIRE	SATISFĂCUT
BUNĂTATE	SIMPATIE
CALM	SENSIBILITATE
CONŢINUT	PLICTISEALĂ
JENAT	LINIȘTE
RECUNOSCĂTOR	TRISTEȚE
FRICĂ	

11 - Ficção Científica

```
Ţ  D  U  S  H  X  G  M  W  X  D  G  I  I  J  P
M  Y  I  O  I  R  G  E  E  W  I  A  Y  C  A  L
A  R  E  I  Z  U  L  I  B  R  S  L  T  Ă  Q  A
R  N  M  R  G  W  C  I  M  O  T  A  T  R  K  N
Î  N  D  E  P  Ă  R  T  A  T  O  X  D  Ţ  O  E
E  Y  Ţ  T  M  C  C  S  W  Ţ  P  I  E  I  R  T
H  Z  I  S  G  U  K  I  D  Y  I  E  A  Y  A  Ă
C  P  V  I  B  U  L  R  Y  T  E  C  H  F  C  I
H  W  F  M  S  X  I  U  U  G  R  I  Q  P  O  M
J  N  V  W  W  C  I  T  S  A  T  N  A  F  L  A
R  U  T  O  P  I  E  U  E  P  P  E  P  E  S  G
J  O  P  U  N  F  Q  F  M  A  G  M  X  C  G  I
P  A  B  E  X  P  L  O  Z  I  E  A  V  N  W  N
W  K  O  O  T  E  H  N  O  L  O  G  I  E  C  A
F  O  C  Ţ  Ţ  X  N  Z  I  V  F  M  J  H  S  R
S  N  U  R  C  I  U  D  D  I  R  L  S  D  W  K
```

ATOMIC	ILUZIE
CINEMA	IMAGINAR
ÎNDEPĂRTAT	CĂRŢI
DISTOPIE	MISTERIOS
EXPLOZIE	LUME
EXTREM	ORACOL
FANTASTIC	PLANETĂ
FOC	ROBOŢI
FUTURIST	TEHNOLOGIE
GALAXIE	UTOPIE

12 - Mitologia

```
F  I  U  W  Ţ  I  O  G  R  F  M  B  I  K  A  G
V  P  B  J  R  P  O  X  Ă  I  U  J  Ţ  N  G  S
C  C  N  M  P  K  U  L  D  A  R  U  N  U  V  T
I  K  L  A  B  I  R  I  N  T  I  J  N  C  P  U
N  B  V  M  G  V  T  T  E  J  T  T  V  U  G  T
I  E  G  P  U  A  S  H  G  A  O  E  Y  L  E  F
O  I  M  G  R  R  A  Ţ  E  R  R  A  R  T  L  Ă
B  R  N  U  Z  W  Z  M  L  H  E  G  P  U  O  P
Z  Ă  T  R  R  R  E  C  D  E  R  G  Ţ  R  Z  T
Ă  T  U  I  I  D  M  V  T  A  I  L  Ă  I  U
R  I  N  S  K  E  R  Z  V  I  E  Z  S  U  E  R
B  V  E  N  K  U  R  E  K  P  R  C  E  K  F  Ă
Ţ  J  T  O  M  A  G  I  C  B  C  H  K  B  E  Ţ
V  H  H  M  C  K  U  P  X  E  R  O  U  B  T  F
C  O  M  P  O  R  T  A  M  E  N  T  D  E  F  F
R  Ă  Z  B  U  N  A  R  E  E  R  O  I  N  A  P
```

ARHETIP	EROU
GELOZIE	NEMURIRE
COMPORTAMENT	LABIRINT
CREARE	LEGENDĂ
FĂPTURĂ	MAGIC
CULTURĂ	MONSTRU
DEZASTRU	MURITOR
TĂRIE	FULGER
RĂZBOINIC	TUNET
EROINA	RĂZBUNARE

13 - Medições

```
T Y E O G R E U T A T E B Ţ D V
U O B Ţ H V I R S L X M Y T H V
N D N I A C C T Z H W I T R F B
I Q F Ă G O N E Z T R G E V D Z
M V O L U M U M I L M N D P S P
L Z S C Y Y C I E L G U R T E M
I D M Y C E V T V H G L M Q S E
T U U L E O B N C C Y R M Ţ J X
R M S M A S Ă E M K L Y A T B V
U Q G B V M H C N I G R R M J Q
L Ă Ţ I M E I G R A D D G U M N
W T P T E M I C N Â D A O Ţ M V
W V H D K D O J E M I Ţ L Ă N Î
Q P J Q V P G M T Z X C I M M J
T R D N U M U W H X L K K F A V
K I L O M E T R U Ţ X Z X Ţ O F
```

ÎNĂLŢIME	METRU
BYTE	MINUT
CENTIMETRU	UNCIE
LUNGIME	GREUTATE
ZECIMAL	INCH
GRAM	ADÂNCIME
GRAD	KILOGRAM
LĂŢIME	KILOMETRU
LITRU	TONĂ
MASĂ	VOLUM

14 - Álgebra

```
M  T  L  Y  V  L  T  S  W  C  Y  H  W  P  S  C
F  U  I  E  L  G  R  U  C  X  A  Ț  S  A  I  A
C  B  U  W  Y  K  F  M  J  J  I  R  O  R  M  N
A  V  W  F  X  E  S  Ă  B  P  N  X  L  A  P  T
F  X  G  Q  M  E  C  U  A  Ț  I  E  U  N  L  I
R  W  Ț  B  A  Q  W  Y  S  E  E  J  Ț  T  I  T
A  E  X  B  T  N  E  N  O  P  X  E  I  E  F  A
C  M  C  G  R  Ă  M  U  N  F  L  N  E  Z  I  T
Ț  M  Ă  Ă  I  Ț  N  R  Q  M  O  I  K  Ă  C  E
I  O  I  M  C  V  O  T  X  J  P  R  N  Ț  A  T
U  A  N  A  E  S  C  Ă  D  E  R  E  M  I  Ț  A
N  A  F  R  O  L  I  B  A  I  R  A  V  U  A  O
E  P  I  G  Ț  A  B  Y  Q  U  D  W  J  O  L  R
M  O  N  A  K  F  A  O  F  A  C  T  O  R  J  Ă
K  C  I  I  J  A  B  X  R  R  H  P  R  E  U  F
M  G  T  D  F  B  G  C  N  P  X  F  L  Z  U  O
```

DIAGRAMĂ
ECUAȚIE
EXPONENT
FALS
FACTOR
FORMULĂ
FRACȚIUNE
INFINIT
LINIAR
MATRICE

NUMĂR
PARANTEZĂ
PROBLEMĂ
CANTITATE
SIMPLIFICA
SOLUȚIE
SUMĂ
SCĂDERE
VARIABIL
ZERO

15 - Plantas

```
N  A  V  S  N  P  L  P  S  W  C  Y  M  X  P  H
K  X  J  K  E  E  X  L  X  S  V  O  A  G  F  T
E  Y  L  Q  T  T  D  H  B  X  V  K  P  Q  X  F
L  E  V  H  Y  A  C  A  C  T  U  S  F  A  K  R
R  R  K  R  Q  L  F  L  O  R  Ă  U  R  F  C  U
T  U  F  I  Ș  Ă  S  V  L  D  C  B  U  A  I  N
N  D  I  F  L  O  A  R  E  J  A  M  N  S  J  Z
Â  Ă  H  E  W  D  W  Q  V  P  B  A  Z  O  I  E
M  P  C  B  D  M  Ă  N  B  H  A  B  Ă  L  M  I
Ă  W  Ș  R  O  E  B  A  M  A  W  L  Z  E  G  Ț
Ș  I  U  Q  H  T  R  R  Ă  D  Ă  C  I  N  Ă  A
Ă  Z  M  M  N  D  A  Ă  G  R  Ă  D  I  N  Ă  T
R  G  B  G  M  I  I  N  X  Z  K  A  O  N  A  E
G  J  S  M  L  Ț  V  Q  I  I  V  G  D  I  Q  G
N  H  B  G  A  V  D  C  Y  C  H  W  A  U  X  E
Î  T  E  F  T  M  U  F  O  V  Ă  Y  Ț  G  K  V
```

TUFIȘ
COPAC
BACĂ
BAMBUS
BOTANICĂ
CACTUS
FASOLE
ÎNGRĂȘĂMÂNT
FLOARE
FLORĂ

PĂDURE
FRUNZĂ
FRUNZE
IARBĂ
IEDERĂ
GRĂDINĂ
MUȘCHI
PETALĂ
RĂDĂCINĂ
VEGETAȚIE

16 - Veículos

```
H C U L B J T M E T R O U L Q B
N O I M A C A B A H N E F G A I
Ţ A G A C O X P R E R O S J D C
K O V C B Q I X X H L H T I A I
B B R E T U C S C L V C T E J C
E G Z Ă T U L P G A P R Ţ C A L
P L I W V Ă C C A R A V A N Ă E
O N I R A M B U S D O X F P T T
L K L C E P J Q K M J T L Z E Ă
E Z U B O T U A I A X U O U H C
V D P G E P G P K Ş S G Q M C R
N J X Q V Ţ T L E I A P Q Ţ A A
A V D W P H H E U N V D F F R B
T R A C T O R Z R Ă I P O F J Ţ
A M B U L A N Ţ Ă F O M U R G U
P P Z X W X F A J Y N Y J P W N
```

AMBULANȚĂ	PLUTĂ
AVION	SCUTER
BAC	METROU
BARCĂ	MOTOR
BICICLETĂ	AUTOBUZ
CAMION	ANVELOPE
CARAVANĂ	SUBMARIN
MAȘINĂ	TAXI
RACHETĂ	NAVETĂ
ELICOPTER	TRACTOR

17 - Engenharia

```
D C H U X Ț R F M G F P I S O L
Z A Y R T Z V F O D Ț S X T Z I
L L A Ă R G R I T Z X H X A V C
W C N N G D C L O D G Ț T B X H
M U E I Ț U B I R T S I D I E I
Ă L S Ș M O T O R I N Ă L L N D
S D I A M E T R U A B I L I E M
U U H M W D W A F D I Ț A T R N
R T N W O J G H W Â B R H A G R
A Z Ă G B Ț U V K N B Ț S T I H
R F M R H S D Q Y C P E Q E E L
E E L C I I N U I S N E M I D
P D H N Z E W J A M Q M G M J V
D I A G R A M Ă X E R A C E R F
T C H I C P G E Ă B Z C T U Q F
S T R U C T U R A D U V V I O L
```

FRECARE
UNGHI
CALCUL
DIAGRAMĂ
DIAMETRU
MOTORINĂ
DIMENSIUNI
DISTRIBUȚIE
AXĂ

ENERGIE
STABILITATE
STRUCTURA
TĂRIE
LICHID
MAȘINĂ
MĂSURARE
MOTOR
ADÂNCIME

18 - Restaurante # 2

```
S F H Q P Z T G S H S D U C B O
O A L E G U M E H X S C A U N V
I J L J L Y J J O E T O R T L I
C Y T A P S B B M W A X H K V S
I T E K T B O Ţ B E T Ţ F A C J
L X Ţ H C Ă R U T U Ă B Ă J O S
E O U Ă U L I N G U R Ă F C N U
D Z N Â R P I M N V K W E H D P
P Y Y V F F T K H Y W A U E I Ă
U K Ţ W F U Q A K Z R M W L M K
X P D U C R B P F Ţ G E E N E F
G X E A S C I Ă E K V J Z E N U
G L H Ş V Ă J G M E O W N R T Q
C Z V I T I R E P A C I N A E B
Ţ V V I F E M E E S M B D H J S
C U V S A R E N T H M D I S T A
```

PRÂNZ	CHELNER
APERITIV	FURCĂ
APĂ	GHEAŢĂ
BĂUTURĂ	CINA
TORT	LEGUME
SCAUN	OUĂ
LINGURĂ	PEŞTE
DELICIOS	SARE
CONDIMENTE	SALATĂ
FRUCT	SUPĂ

19 - Países #2

```
F T F K V Ţ H L J X U S B H X G
W R M S E Ţ R K T O N X X M Y J
X S A I R I S C A O L E H Q Z A
A O I N P A K I S T A N P Y I M
L M N U Ţ R Z X B P J S O A L A
B A O G G A Ţ E A Ţ N A B I L I
A L P A O C I M D B X T A C E C
N I A N Q R Y Y N V O N U E T A
I A J D J A N I A R C U H R X Z
A Ţ Ţ A Y M Ţ A L J Y Y X G O L
Ţ O E F E E B L R U S I A C F A
G B Q T O N M I I H W L T D H L
A A Z M L A M M T V U R M W O R
L M D Q Z D C Z N I G E R I A S
I N D O N E Z I A M A Ţ H D P C
Ţ I D I T W V F D R W H Y D Y Q
```

ALBANIA	LIBAN
DANEMARCA	MEXIC
FRANŢA	NEPAL
GRECIA	NIGERIA
HAITI	PAKISTAN
INDONEZIA	RUSIA
IRLANDA	SIRIA
JAMAICA	SOMALIA
JAPONIA	UCRAINA
LAOS	UGANDA

20 - Cozinha

```
K  K  Ţ  S  E  D  F  V  M  H  C  T  B  B  Z  Y
R  O  L  S  H  J  F  U  Ţ  M  X  U  I  H  E  H
F  R  I  G  I  D  E  R  R  Z  A  C  Ţ  C  K  U
E  S  Z  K  K  R  C  K  R  C  J  U  S  I  O  Q
C  O  N  G  E  L  A  T  O  R  I  P  I  W  T  R
C  O  N  D  I  M  E  N  T  E  N  E  Ţ  P  Z  E
X  Q  R  C  B  T  R  G  P  U  P  R  J  X  A  X
B  M  S  G  F  F  A  Z  U  I  N  Z  L  V  G  B
U  Y  W  Y  Y  D  O  Ţ  C  P  O  L  O  N  I  C
R  O  I  C  L  U  Ş  Z  G  I  R  S  Y  L  B  I
E  D  C  H  J  W  I  G  R  Ă  T  A  R  I  O  N
T  Ş  H  J  A  X  Ţ  O  E  K  S  D  A  N  R  I
E  B  O  V  O  L  E  A  N  E  A  F  W  G  C  A
P  R  O  R  U  Q  B  B  C  B  C  L  Z  U  A  E
F  Ţ  B  Ţ  Ţ  Ş  E  R  V  E  Ţ  E  L  R  N  C
R  E  Ţ  E  T  Ă  V  V  Q  T  V  L  T  I  B  C
```

ŞORŢ
CEAINIC
LINGURI
POLONIC
CUPE
CONDIMENTE
BURETE
CUŢITE
CUPTOR
CONGELATOR

FURCI
FRIGIDER
GRĂTAR
ŞERVEŢEL
BORCAN
ULCIOR
BEŢIŞOARE
REŢETĂ
CASTRON

21 - Material de Arte

```
J H R G U A B J E V T L B A L C
U L F E Ţ G C Ţ W K A I M P I B
L O E M P L J U X Ţ B P D A K E
S X O N F F V S A Q E I I R E P
P A S T E L U R I R L C A A N C
C I X U U B H X E L E I P T A R
Ş Ă E L L C L Â S N F L Ă F O E
E L R Z E Z Ţ D R N Q J E O I A
V A T B I Ţ V W Z T D Z L T E T
A E T H U S C A U N I O E O R I
L N P E T N B F S H R E S J C V
E R D T W G E F M Q O O P J X I
T E R A D I E R Ă C L F O Ţ R T
X C A C R I L I C L U R V T W A
X Q N D J R S G N M C C C M C T
K Ţ Y J Z E K C I K W C I Z K E
```

ACRILIC	CULORI
RADIERĂ	CREATIVITATE
ACUARELE	PERII
LUT	CREIOANE
APĂ	TABEL
SCAUN	ULEI
CĂRBUNE	HÂRTIE
ŞEVALET	PASTELURI
APARAT FOTO	CERNEALĂ
LIPICI	VOPSELE

22 - Números

```
T G T Z E R O A Y J N J Y P Ț Ș
R A U R I R V I Y N O T Q A Ț A
E N E C E Z E R P S I C N I C P
I Z O W Q I C E Z Ă U O D S J T
O E B U F V S Y A T N W K P Ș E
D C Ș E Ă O U P Y F U K Q R A S
G I W A C R K A R I F W I E I P
W M B R P P F C D E S A Ș Z S R
R A S V Y T I F Y H Z C J E P E
T L K Y Z N E V R L Z E Q C R Z
P A T R U Y O A J J A Z C E E E
O P T S P R E Z E C E E C E Z C
E Z A U L L S S Q U E C I X E E
I E P E L Y S E Ț M H E N Y C P
X J X M Ț G Q L H Q W H C G E D
D O I S P R E Z E C E K I U N X
```

CINCI
ZECIMAL
ZECE
ȘAISPREZECE
ȘAPTESPREZECE
OPTSPREZECE
DOI
DOISPREZECE
NOUĂ
OPT

PAISPREZECE
PATRU
CINCISPREZECE
ȘASE
ȘAPTE
TREISPREZECE
TREI
UNU
DOUĂZECI
ZERO

23 - Física

```
M O T A C I N A C E M C O J U V
A O H K A Y C Q U J W X H C N E
C Ă L U M R O F F Z K C Z W D W
C D S E T A T I V I T A L E R B
E E P I C E X P A N S I U N E D
L N A Ț B U W W D P F J X N H L
E S R A E Q L M A G N E T I S M
R I T T I L Q Ă Ț N E V C E R F
A T I I R A E L C U N Y U Z O T
R A C V P S F C P K N O P V T S
E T U A Y R U F T Y U R G R O C
R E L R Q E D T Z R S Ă S A M H
T P Ă G P V A U C H O H I K Z I
O X Ț E W I V Z B R A N E I V M
F G L W V N J Z O Ț H Q B R E I
R A K K J U D R R Q Ț Q Q M U C
```

ACCELERARE
ATOM
HAOS
DENSITATE
ELECTRON
EXPANSIUNE
FORMULĂ
FRECVENȚĂ
GAZ
GRAVITAȚIE

MAGNETISM
MASĂ
MECANICA
MOLECULĂ
MOTOR
NUCLEAR
PARTICULĂ
CHIMIC
RELATIVITATE
UNIVERSAL

24 - Especiarias

```
C C O R I A N D R U U R Ș M Z H
G H R M D A G Ă V U D L O B V A
M O I O P D N R G G K D F G L M
E M B M V Ț T A S Q H S R S T A
V F M A I J T O S G D I A E O R
G Ț I D Y O C Ș L O E A N G D V
T O H R Q A N I B J N S A R E A
O E G A L M B Ț S E A R O M Ă N
F N U C Ș O A R Ă C F I I T T I
Ț E U S T U R O I L Z R A Ț X L
P C N H M G E C C U R R Y U T I
M L K I D O P S G D U Q I I A E
A U J I C Y I K J N C E A P Ă T
F D Z Z W U P S N M N W U E H F
M U V I T G L G E E K N F V Q Q
Y A C R U F Y Ț C L Ț X Z O L Z
```

ȘOFRAN
LEMN DULCE
USTUROI
AMAR
ANASON
ACRU
VANILIE
SCORȚIȘOARĂ
CARDAMOM
CURRY

CEAPĂ
CORIANDRU
CHIMION
DULCE
FENICUL
GHIMBIR
NUCȘOARĂ
PIPER
AROMĂ
SARE

25 - Países #1

```
I F B T U K X I N J S X L Y B O
H R O D O C H H E S V F G M Y W
T R A I L A T I S E N E G A L A
C G P K L U X P O L O N I A J L
O A I N A M R E G E P T P I G E
R U M E D E V Y W A H S P G T U
A G H B U V Z A B R K U L E M Z
M A E R O Ţ S J U S R M O V A E
I R C A V D G L O I L R S R R N
V A T I C O G K B G B A Z O W E
I C N T Y O Z I B U L D I N J V
I I Q P W Z U A A D N A L N I F
G N B R A Z I L I A I N A P S R
C P D E C U A D O R C A M T Y A
N X D I W S Z K K N V C K Z T J
C Ţ W Q A M A N A P Ţ Ţ M Y V N
```

GERMANIA	ITALIA
BRAZILIA	INDIA
CAMBODGIA	MALI
CANADA	MAROC
EGIPT	NICARAGUA
ECUADOR	NORVEGIA
SPANIA	PANAMA
FINLANDA	POLONIA
IRAK	SENEGAL
ISRAEL	VENEZUELA

26 - A Mídia

```
I  I  F  A  R  G  O  T  O  F  J  D  O  F  A  F
N  N  U  H  P  P  Y  Q  L  G  T  O  N  A  J  K
I  V  D  E  I  R  T  S  U  D  N  I  L  P  K  Q
D  N  V  I  Q  D  S  W  N  I  X  D  I  T  L  Ţ
U  F  C  N  V  Ţ  K  Z  X  G  P  A  N  E  X  G
T  P  Y  I  K  I  K  H  Y  I  O  R  E  O  W  Q
I  W  R  P  R  V  D  X  V  T  F  X  E  Ţ  C  Q
T  A  R  O  F  V  U  U  O  A  H  C  Z  S  B  G
A  E  Ţ  E  R  H  O  Ţ  A  L  A  C  O  L  Ă  P
C  C  R  G  T  K  Q  W  G  L  X  M  D  J  P  U
Z  E  Q  Ţ  I  N  T  E  L  E  C  T  U  A  L  B
F  R  M  D  M  X  R  E  I  Ţ  A  C  U  D  E  L
C  O  M  E  R  C  I  A  L  Ţ  M  H  J  M  N  I
F  I  N  A  N  Ţ  A  R  E  A  I  B  L  Y  P  C
C  O  M  U  N  I  C  A  R  E  Z  D  T  P  U  X
T  E  L  E  V  I  Z  I  U  N  E  V  E  A  C  A
```

ATITUDINI
COMERCIAL
COMUNICARE
DIGITAL
EDIȚIE
EDUCAȚIE
FAPTE
FINANȚAREA
FOTOGRAFII
INDIVIDUAL

INDUSTRIE
INTELECTUAL
PRESĂ
LOCAL
ONLINE
OPINIE
PUBLIC
RADIO
REȚEA
TELEVIZIUNE

27 - Casa

```
X A R L R L Y D Ă A F G Ţ T M X
I Y N X Y R G P N P Z Ă G A Ă Z
B U P E Q M N Ţ I D E D Ţ V T B
R E L Q D O Y D D U T R E A U U
F E R E A S T R Ă Ș U A E N R C
T G V Q P T E A R A C S O T Ă Ă
A A Z A E E F G G Z O N G E E T
R R C F T B Q C W N V A L N M Ă
B A J X R R S A A R O M I I O R
Q J M R N P Ă O M M R C N B B I
B I B L I O T E C Ă E L D O I E
C H E I P E R D E L E R Ă R L R
D O E P V M C I E V W I Ă K I P
S L S D F N O X T Y C H N K E Q
T D G U P E R X A D N Z P N R Y
U H N T H B C H G N Y F D R M R
```

BIBLIOTECĂ	VATRĂ
GARD	MOBILIER
CHEI	PERETE
DUȘ	UȘĂ
PERDELE	CAMERĂ
BUCĂTĂRIE	MANSARDĂ
OGLINDĂ	COVOR
GARAJ	TAVAN
FEREASTRĂ	ROBINET
GRĂDINĂ	MĂTURĂ

28 - Vegetais

```
F  T  L  Q  D  F  G  B  T  E  M  Q  G  Z  B  A
S  V  J  E  Y  W  G  G  H  I  M  B  I  R  R  N
O  O  Â  E  K  A  D  P  O  Ș  F  I  N  J  O  G
V  C  A  N  A  P  S  F  O  O  Ț  N  D  S  C  H
G  R  A  G  Ă  Z  I  P  U  R  X  Y  Ț  Q  C  I
Q  O  E  B  N  T  C  D  Ă  C  E  A  P  Ă  O  N
C  M  H  U  I  N  Ă  F  O  T  R  A  C  Q  L  A
A  C  C  N  L  N  A  X  T  I  R  F  Ț  W  I  R
S  I  I  M  E  N  J  P  T  M  X  U  Ț  V  C  E
T  U  D  Z  Ț  U  S  T  U  R  O  I  N  S  W  A
R  P  I  Ț  C  S  P  B  R  L  Z  S  M  J  T  Z
A  E  R  Ă  Z  A  M  Z  M  J  O  R  G  B  E  I
V  R  R  D  H  Ț  F  O  I  T  X  O  G  Q  D  L
E  C  Q  D  P  P  H  S  D  O  V  L  E  A  C  P
T  Ă  T  O  L  A  Ș  P  M  X  C  D  R  S  S  N
E  S  A  L  A  T  Ă  L  F  G  Y  Y  B  U  M  L
```

DOVLEAC	CIUPERCĂ
ȚELINĂ	MAZĂRE
ANGHINARE	SPANAC
USTUROI	GHIMBIR
CARTOF	NAP
VÂNĂTĂ	CASTRAVETE
BROCCOLI	RIDICHE
CEAPĂ	SALATĂ
MORCOV	PĂTRUNJEL
ȘALOTĂ	ROȘIE

29 - Balé

```
F N K O V G Y X A R B Ţ S D F M
H V T J S P L R I T M J T V L U
J P C O R E G R A F I E I Z R Z
A Ă R T S E H C R O L O S X O I
Q S P A P E L G E S T P Ă B M C
E T E U C R Z P Q K X J C Q B Ă
R I I S B T C O M P O Z I T O R
A L O O K L I C Q T H H N R O H
N P Z I A B I C G Ţ P O H E S V
Â K L Ţ D N N C Ă N I R E L A B
M K Ţ A E X P R E S I V T P V P
E Ţ W R U I N T E N S I T A T E
D E T G M Z D A N S A T O R I U
N Y S A V R E A R T I S T I C H
Î Ţ T U S G T K C L V N U S M I
L X C E S R E P E T I Ţ I E B T
```

APLAUZE
ARTISTIC
BALERINĂ
COMPOZITOR
COREGRAFIE
DANSATORI
REPETIŢIE
STIL
EXPRESIV
GEST

GRAŢIOS
ÎNDEMÂNARE
INTENSITATE
MUZICĂ
ORCHESTRĂ
PRACTICĂ
PUBLIC
RITM
SOLO
TEHNICĂ

30 - Adjetivos #1

```
R Y N U E I A S S X P G Î O M C
J J I O N R M B E Ţ X R N Q G F
C Y J V S C Z E S R S E C E Z I
O N I K O G H G N O I U E X R Q
I M P O R T A N T S L O T O X H
A B H F E C E R I Ţ B U S T K X
Î N T U N E R I C K Y K T I S Y
P K A M E F F X I D K C U C A X
Y I M I G R D M T R E V M I J C
D H O S E E O F S U A I Y T M N
Y B R T H P L X I A M T M N O N
U N A E J Z A V T S G C U E J J
F Ţ R A C S O R O L A V D C N
A N U I C Y T E A M A R E I T C
S Z M O S I N C E R V T W B E L
V M S S M O D E R N J A J Q F U
```

ABSOLUT
AROMAT
ARTISTIC
ATRACTIV
IMENS
ÎNTUNERIC
EXOTIC
SUBŢIRE
GENEROS
MARE

SINCER
IDENTIC
IMPORTANT
ÎNCET
MISTERIOS
MODERN
PERFECT
GREU
SERIOS
VALOROS

31 - Psicologia

```
S U B C O N Ș T I E N T M T S E
C O M P O R T A M E N T O E E X
E T A T I L A N O S R E P R N P
R E A L I T A T E C W S B A Z E
A P E R C E P Ț I E L D K P A R
M G Ț E G J S Ț B P U I A I Ț I
A Â Y M R A Q T W O T T N E I E
R N I N C O N Ș T I E N T I E N
G D V E G O S D X I Ț P C E C Ț
O U P G S I Y R I Ț N R I V W E
R R P Z U I X C V O E O L A Q L
P I N B Q X V F L M U B F L Z J
C O P I L Ă R I E E L L N U W P
D A Q J G X G X O P F E O A V Z
Y Ț P A O S W M Ț K N M C R A Q
H U M X X V J H V J I Ă K E I A
```

EVALUARE
CLINIC
COMPORTAMENT
PROGRAMARE
CONFLICT
EGO
EMOȚII
EXPERIENȚE
INCONȘTIENT
COPILĂRIE

INFLUENȚE
GÂNDURI
PERCEPȚIE
PERSONALITATE
PROBLEMĂ
REALITATE
SENZAȚIE
VISE
SUBCONȘTIENT
TERAPIE

32 - Paisagens

```
E W U R S P W Q I P G K M R J H
A L K C F J D F B V E L A V O N
P E N I N S U L Ă V T Ș O Z G O
O C E A N A C L U V X J T P Q A
O A Y R Ă D A C S A C T Z E Z Z
M L Z Ț J H E I B O D B Ț V R Ă
C P Z N A H M Q S W Y Y O L J Ă
S Ț P Y L U X J W B W H M Q H R
G R B O P B Q Ț V F E T P J B D
H L U I I N S U L Ă T R Ț Ț D N
G H E Ț A R F Â T N N E G N E U
M A R E N R Z R A Ț U Ș G E A T
T D D G A G Ț J N M M E E B L X
G Y O Z E B O V T Y T D Q O Y D
C C P Ț B C J L Q O Y T P X X K
M L A Ș T I N Ă F Y B F C G Q S
```

CASCADĂ	MUNTE
PEȘTERĂ	OAZĂ
DEAL	OCEAN
DEȘERT	MLAȘTINĂ
GHEȚAR	PENINSULĂ
GOLF	PLAJĂ
AISBERG	RÂU
INSULĂ	TUNDRĂ
LAC	VALE
MARE	VULCAN

33 - Dança

```
L W M J U D W C A G K O C G E G
U A I C Ţ T L U B G K Y L V X F
L S Ş X S Y X L L H X J Q E P Y
N S C Ţ W Ţ T D Z Z N O S R A
Y L A H R A S U K B E Z I E E R
Q R R X Ţ A D R M Y C H U L S T
J I E P L K D Ă C I Z U M C I Ă
M T I E O C O I V I Z U A L V O
C M M I Z S U F Ţ D D I Ţ R A F
L I E Ţ Z Y T L M I Z I O Y E Y
A Ţ D I O B U U T X O C R K M P
S X A T W K O J R U D N K E O W
I Z C E I Ţ A R G Ă R M A W Ţ T
C G A P Y R E N E T R A P L I X
C O R E G R A F I E T T L M E J
Z R A R T E G C O R P A Q P K U
```

ACADEMIE
VESEL
ARTĂ
CLASIC
COREGRAFIE
CORP
CULTURĂ
CULTURAL
EMOŢIE
REPETIŢIE

EXPRESIV
GRAŢIE
MIŞCARE
MUZICĂ
PARTENER
POSTURĂ
RITM
TRADIŢIONAL
VIZUAL

34 - Nutrição

```
T V G D S Ă N Ă T O S L N G N W
O Y L I O C T U R X T T U U A F
X H U G S R A B T U T A T E S X
I Q C E R P V L W C J Z R U E S
N L I S K S I X O I X N I A W U
Ă I D T W Q T E Y R T Q E Q M W
L B E I H C A I M F I V N V R A
T I T E P A M Ț Ț O C I T U H D
N T C E R F I A M S X S N L S N
T S T H L M N T J K Y Ă T E I D
D E N W I M Ă N S S Z N A G J L
E M T N S D J E T X O Ă V Ț U V
B O E O K O E M E T A T U E R G
E C H I L I B R A T C A O V G B
C A L I T A T E N I E T O R P E
A R O M Ă W D F D T Z E K W E V
```

AMAR
APETIT
CALORII
GLUCIDE
COMESTIBIL
DIETĂ
DIGESTIE
ECHILIBRAT
FERMENTAȚIE
LICHIDE

SOS
NUTRIENT
GREUTATE
PROTEINE
CALITATE
AROMĂ
SĂNĂTOS
SĂNĂTATE
TOXINĂ
VITAMINĂ

35 - Energia

```
J  J  V  L  Z  J  X  B  V  S  F  Y  E  X  C  E
E  I  R  E  T  A  B  O  G  Z  G  J  B  N  Ă  N
R  L  J  E  N  O  T  O  F  L  B  J  F  E  L  T
A  T  E  C  O  M  B  U  S  T  I  B  I  L  D  R
O  U  R  C  R  T  C  I  G  O  Z  Ţ  H  W  U  O
S  R  E  B  T  J  C  D  T  P  M  J  A  V  R  P
P  B  G  E  C  R  W  E  N  O  B  R  A  C  Ă  I
O  I  E  N  E  O  I  M  U  L  H  F  Y  X  M  E
L  N  N  Z  L  T  O  C  C  S  F  C  V  A  O  H
U  Ă  E  I  E  O  N  J  L  Q  E  Y  J  J  T  I
A  T  R  N  I  M  T  I  E  G  Q  O  H  B  O  D
R  P  A  Ă  V  Â  N  T  A  P  U  X  S  A  R  R
E  B  B  C  Z  A  G  N  R  S  Ţ  K  B  F  I  O
H  B  I  W  I  I  N  D  U  S  T  R  I  E  N  G
Ţ  U  L  F  W  K  A  Ţ  S  D  Z  M  Q  K  Ă  E
E  U  E  B  R  S  N  K  K  S  Y  E  E  O  P  N
```

MEDIU
BATERIE
CĂLDURĂ
CARBON
COMBUSTIBIL
MOTORINĂ
ELECTRIC
ELECTRON
ENTROPIE
FOTON

BENZINĂ
HIDROGEN
INDUSTRIE
MOTOR
NUCLEAR
POLUARE
REGENERABILE
SOARE
TURBINĂ
VÂNT

36 - Disciplinas Científicas

```
B U T K K C I M E J X A D J Ț P
P I V Z E H Q G C B T S L X H S
M X O F I E I G O L O I C O S I
K E C L G F A L L H P E H D G H
I F T A O G Y D O L X I I V E O
N I A E L G E R G I Q G M T O L
E Z S A O E I M I H C O I B L O
T I T R N R G E E Y S L E B O G
O O R H U Z O O I P G O S O G I
T L O E M O L L M E C R D T I E
E O N O I O A C O K S U V A E T
R G O L P L R U T G E E Y N X U
A I M O F O E M A U I N P I Y K
P E I G G G N N N L D E Z C G B
I F E I W I I P A I X G S Ă U Z
E Y R E T E M Ț F G G N Q J R J
```

ANATOMIE
ARHEOLOGIE
ASTRONOMIE
BIOLOGIE
BIOCHIMIE
BOTANICĂ
KINETOTERAPIE
ECOLOGIE
FIZIOLOGIE

GEOLOGIE
IMUNOLOGIE
METEOROLOGIE
MINERALOGIE
NEUROLOGIE
PSIHOLOGIE
CHIMIE
SOCIOLOGIE
ZOOLOGIE

37 - Meditação

```
C O M P A S I U N E O P Z T Q M
M U Z I C Ă M G V I J N A S R I
E M O Ț I I E I Â Ț P G V C R N
R U R T E Y N H B N D M T E E T
E Z N Ă I G T W U E D E O L X E
C B A C Z Y A C N T K U O P Z R
U U T E Q A L M Ă A E X R O X A
N O U R N Z E E T T E G B I E C
O B R E I S E R A T P E C C A Ș
Ș I Ă L S E T A T I R A L C J I
T C R H Y J T V E K X G B S I M
I E S Y T D Ă R U T S O P U Y M
N I Ă V I T C E P S R E P C G L
Ț U Q Y L K A S M W O S G U R C
Ă R Ț Q L R I B P W E I H L O G
M I V H P M J O I K D W E B T F
```

ACCEPTARE	MINTE
TREAZ	MIȘCARE
ATENȚIE	MUZICĂ
BUNĂTATE	NATURĂ
CLARITATE	OBSERVARE
COMPASIUNE	PACE
EMOȚII	GÂNDURI
RECUNOȘTINȚĂ	PERSPECTIVĂ
OBICEIURI	POSTURĂ
MENTAL	TĂCERE

38 - Artes Visuais

```
L  F  W  C  S  F  O  T  O  G  R  A  F  I  E  D
A  M  Q  A  R  U  T  C  I  P  R  D  C  X  C  Y
C  L  D  J  E  E  E  I  Ţ  I  Z  O  P  M  O  C
P  T  A  O  R  V  A  T  O  X  Ţ  Q  Z  N  M  B
Ş  E  V  A  L  E  T  T  E  R  T  R  O  P  Ţ  Q
P  C  B  O  C  H  Ă  C  I  M  A  R  E  C  G  G
B  E  X  K  Z  R  A  G  F  V  A  R  G  I  L  Ă
W  N  R  T  W  T  E  C  Z  A  I  A  M  X  N  R
J  U  Ţ  S  Q  O  P  T  M  R  T  T  M  U  Ţ  E
I  B  H  Q  P  K  Z  Ţ  Ă  T  Q  U  A  P  B  P
B  R  I  X  Ţ  E  K  Ţ  Z  I  E  E  Q  T  Y  O
F  Ă  N  G  C  K  C  R  X  S  R  J  Y  S  E  D
L  C  D  J  E  I  T  T  G  T  C  E  A  R  Ă  O
E  H  L  W  T  B  M  L  I  F  R  I  T  F  U  P
S  C  U  L  P  T  U  R  Ă  V  S  Ţ  A  D  C  A
C  R  E  I  O  N  D  D  L  Ţ  Ă  H  S  E  C  C
```

ARGILĂ
ARTIST
PIX
CĂRBUNE
ŞEVALET
CEARĂ
CERAMICĂ
COMPOZIŢIE
CREATIVITATE
SCULPTURĂ

FILM
FOTOGRAFIE
CRETĂ
CREION
CAPODOPERĂ
PERSPECTIVĂ
PICTURA
PORTRET
LAC

39 - Moda

```
M  G  C  R  Z  J  K  E  B  M  E  D  W  E  B  Y
N  Ă  Y  O  L  E  X  K  A  U  A  V  W  L  U  A
W  B  S  Z  X  Q  Ţ  M  O  D  E  S  T  E  T  Q
V  M  B  U  A  C  C  E  S  I  B  I  L  G  O  U
K  C  D  N  R  E  D  O  M  R  O  D  Y  A  A  X
E  T  N  I  M  Ă  C  Ă  R  B  M  Î  D  N  N  T
H  Y  L  I  B  A  T  R  O  F  N  O  C  T  E  E
L  A  N  I  G  I  R  O  T  E  X  T  U  R  Ă  N
Ţ  E  S  Ă  T  U  R  Ă  R  K  L  C  C  U  G  D
O  I  K  A  M  Z  J  K  C  I  T  C  A  R  P  I
O  R  Q  D  P  L  A  B  I  S  T  V  I  F  M  N
I  E  P  S  S  D  W  E  T  R  I  J  E  I  U  Ţ
X  D  T  F  Ţ  T  D  L  U  L  N  M  B  V  C  Ă
E  O  S  O  Y  B  I  W  B  O  V  U  P  V  S  X
X  R  D  R  Q  I  Ă  L  E  T  N  A  D  L  Y  I
Q  B  Y  M  I  N  I  M  A  L  I  S  T  Ţ  U  E
```

ACCESIBIL	MODERN
BRODERIE	MODEST
BUTOANE	ORIGINAL
BUTIC	PRACTIC
SCUMP	DANTELĂ
CONFORTABIL	ÎMBRĂCĂMINTE
ELEGANT	SIMPLU
STIL	ŢESĂTURĂ
MĂSURĂTORI	TENDINŢĂ
MINIMALIST	TEXTURĂ

40 - Instrumentos Musicais

```
B Q S U V H X A O P I A N X Q N
A T D L H A S T B S S U O J H G
N D R V Q R D Y O X O F F A T Ţ
J O G O K P X C I B P Ţ O Y Z A
O S B I M Ă B O T E I F X M I Q
T Ţ Ţ M J P F A G O T S A A H O
W G C W O U E C K E E O S Ă P M
M Ţ L Z A R Y T E V I O A R Ă A
U J A Z C N T W Ă A Ţ X G A N N
Z I R M A R I M B A U F S T I D
I U I G Z K M W H R C L X I R O
C P N T O N J Y P W R A O H U L
U Q E L Y N Y J T I E U K C B I
Ţ G T V D E G C H H P T L E M N
Ă S A G W V I O L O N C E L A Ă
W L D D W X X K W Ţ H G R C T V
```

MANDOLINĂ	TAMBURINĂ
BANJO	PERCUŢIE
CLARINET	PIAN
FAGOT	SAXOFON
FLAUT	TOBĂ
MUZICUŢĂ	TROMBON
GONG	TROMPETĂ
HARPĂ	CHITARĂ
MARIMBA	VIOARĂ
OBOI	VIOLONCEL

41 - Adjetivos #2

```
F K R S R F E J C I T A B L Ă S
J I K W Ă C I N R E T U P Q O Ă
P F J E N N T R I H D X V E J R
Z M X N L U Ă E E I A Z M O A A
E L E G A N T T K S P U R N T T
D N Ţ P U K A N O I C R J O N A
S Ţ F B V D C I O S I B G U A T
M E O Q I X S B V Y T E D N S N
H Â Y P T J U R Y O N L O D E E
W V N R P L Y E K E E G M R L
T W M D I G C I B V T C Ţ X E A
H I N H R Y C F A W U T D I T T
G N W Q C U U V I T A E R C N Z
D C Q J S R E S P O N S A B I L
P R O S E N O R M A L C Ţ M W Z
E I F C D P R O D U C T I V X D
```

AUTENTIC	NOU
CREATIV	MÂNDRU
DESCRIPTIV	PRODUCTIV
TALENTAT	PUR
ELEGANT	FIERBINTE
CELEBRU	RESPONSABIL
PUTERNIC	SĂRAT
INTERESANT	SĂNĂTOS
FIRESC	USCAT
NORMAL	SĂLBATIC

42 - Roupas

```
J D I S K C H P A N T A L O N I
M D R P Ţ Ă Z U L B Ş Ș V T P Ș
C U R E A M N G Z K O O Y Z R U
J X L Y N A T S U F R S Ţ B R N
F Ţ O W M Ş Ţ P I M Ţ E G N X Ă
H R X S I Ă S A U S Y T E D R M
A H E E I D A F S L F E L K O T
I F U P V O Ţ B U E O I R L C G
N B C C B M T Y R H C V D K P P
A C O G H T Y U X Ă F E E F Ţ Ă
H B L Y Z M Y L R A Ţ L G R S L
A E I P A N T O F V Ţ A D W A Ă
A R E G Ţ H Y I V R G D R Q C R
G X R O U X G F K E J N A Ă O I
M Q Ţ W E L F U P I J A M A U E
R O C H I E B O P Ţ E S Q B Ţ R
```

ŞORŢ

BLUZĂ

PANTALONI

CĂMAŞĂ

HAINA

PĂLĂRIE

CUREA

COLIER

SACOU

BLUGI

MĂNUŞI

ŞOSETE

MODĂ

PIJAMA

BRĂŢARĂ

FUSTA

SANDALE

PANTOF

PULOVER

ROCHIE

43 - Herbalismo

```
W  I  O  X  L  M  T  V  N  U  Z  U  H  N  I  P
E  G  J  X  E  T  A  T  I  L  A  C  C  M  I  Ă
F  J  N  C  Y  C  A  G  U  V  U  V  Ţ  U  H  T
E  B  U  S  U  I  O  C  H  C  I  M  B  R  U  R
N  I  R  A  M  Z  O  R  F  I  O  R  U  T  S  U
I  A  R  O  M  A  T  C  A  X  R  D  Ă  N  B  N
C  C  O  R  I  A  N  D  R  U  J  A  D  E  E  J
U  Q  W  T  V  D  C  V  I  Ţ  Y  V  N  I  N  E
L  E  I  Ș  F  L  O  A  R  E  P  E  A  D  E  L
V  Q  D  A  O  P  L  A  N  T  Ă  R  V  E  F  H
S  K  J  T  R  F  X  V  A  J  N  D  A  R  I  J
G  J  D  I  N  O  R  H  N  J  I  E  L  G  C  N
V  U  I  L  X  Ţ  M  A  Ţ  O  D  G  E  N  C  L
M  Ţ  E  M  J  Y  K  Ă  N  U  Ă  V  Y  I  T  L
Q  F  B  F  Z  S  U  N  O  H  R  A  T  H  X  Ţ
X  A  B  Ţ  V  B  E  E  Y  Y  G  S  K  I  B  M
```

ȘOFRAN	GRĂDINĂ
ROZMARIN	LAVANDĂ
USTUROI	BUSUIOC
AROMAT	MAGHIRAN
BENEFIC	PLANTĂ
CORIANDRU	CALITATE
TARHON	AROMĂ
FLOARE	PĂTRUNJEL
FENICUL	CIMBRU
INGREDIENT	VERDE

44 - Arqueologia

```
N K Ă F T U O E R K K L M E B F
H E V V P U U E X F J J M V T T
G R C A K L U T G P B J W A C V
G V I U U J X A F S E U M L I M
C Q L M N F N T S V X R E U V H
X Y E L X O A I J S A O T A I M
N D R E M L S H T Z N S N R L O
E T A T I U L C H I A E E E I R
W C K C K Ţ C I U Y L F D Y Z M
Ţ A H E P D H T E T I O N N A Â
K N V I K G V N U J Z R E F Ţ N
J I B B P J M A V E Ă P C O I T
Q A R O T Ă T E C R E C S S E L
W E L K V R S P Y N X K E I A X
D O X N A E T E M P L U D L O C
M I S T E R Z Z O A S E O E P O
```

ANALIZĂ
ANI
ANTICHITATE
EVALUARE
CIVILIZAŢIE
DESCENDENT
NECUNOSCUT
ECHIPĂ
ERĂ
EXPERT

UITAT
FOSIL
CERCETĂTOR
MISTER
OBIECTE
OASE
PROFESOR
RELICVĂ
TEMPLU
MORMÂNT

45 - Agronomia

```
E  N  E  R  G  I  E  D  P  T  D  C  M  O  S  B
E  R  A  U  L  O  P  D  Ț  L  A  R  U  R  I  O
N  D  P  K  O  O  D  N  Ț  W  A  A  O  J  S  L
U  O  P  Y  S  D  F  P  U  Ț  B  N  V  M  T  I
I  D  E  N  T  I  F  I  C  A  R  E  Ț  E  E
Z  Ă  K  Z  T  X  C  E  X  R  U  I  D  E  M  C
O  R  G  A  N  I  C  R  Z  G  T  E  Q  Ț  E  O
R  U  D  M  Â  G  S  X  E  W  I  Y  L  N  I  L
E  T  K  Ș  M  V  G  M  L  Ș  B  H  H  I  Ț  O
H  L  Z  T  Ă  H  L  Z  E  R  T  W  Ț  M  C  G
F  U  I  I  Ș  T  L  E  P  E  U  E  R  E  U  I
G  C  R  I  Ă  E  N  X  G  F  K  S  R  S  D  E
N  I  B  N  R  Q  Z  G  S  U  O  I  O  E  O  Q
O  R  R  Ț  G  R  M  M  Ț  A  M  G  B  C  R  Y
C  G  M  Ă  N  N  Z  Z  W  P  Ț  E  E  U  P  S
A  A  I  H  Î  N  R  O  D  Ă  P  S  E  J  W  A
```

AGRICULTURĂ
MEDIU
APĂ
ȘTIINȚĂ
CREȘTERE
BOLI
ECOLOGIE
ENERGIE
EROZIUNE
ÎNGRĂȘĂMÂNT

IDENTIFICARE
LEGUME
ORGANIC
PLANTE
POLUARE
PRODUCȚIE
RURAL
SEMINȚE
SISTEME
SOL

46 - Frutas

```
P A L L I A Z I M Ă R L L V W N
C O G N A M T M U O M M G F T N
G I R M A O N U Y Y E J Q U D T
X J R T L N Y R S T R U G U R I
C J K E O T Ţ E D O F A Y P M K
B Ă S I A C O I I F R L Ă J Z K
P A A O R Ș A F I G C M C J Ţ W
F Y N D A L Ă L Q J L J I U M G
J A A A A L H A I K P C S Y G Q
T P N C N V A E X U T Ă R A P I
P A A O S Ă N I R A T C E N A B
Q P Z V F R G Â Y F N A I G W O
Z U A A C U J M T I P B P S H E
S O C O C E D Ă C U N F K I W I
J C O Y O M V L U D P K E Z L P
K D V M W Z F Ţ H E F V Q M W A
```

AVOCADO
ANANAS
MURE
BACĂ
BANANĂ
CIREAȘĂ
NUCĂ DE COCOS
CAISĂ
FIG
ZMEURĂ

KIWI
PORTOCALIU
LĂMÂIE
MĂR
PAPAYA
MANGO
NECTARINĂ
PARĂ
PIERSICĂ
STRUGURI

47 - Corpo Humano

```
N  K  Y  N  L  G  Q  I  K  M  F  F  F  E  T  M
K  M  M  D  R  Z  K  M  D  B  R  O  I  C  I  P
E  Q  S  C  Ţ  Z  T  C  X  E  U  S  M  O  L  K
L  G  X  Y  H  D  Â  U  P  G  N  B  Â  Â  V  X
V  N  A  I  D  E  G  E  T  Q  T  O  C  N  N  N
E  R  B  H  G  P  I  E  L  E  E  B  R  U  G  Ă
U  R  E  C  H  E  D  T  C  S  B  K  A  S  B  E
W  B  E  O  Ţ  Z  J  K  U  Y  V  U  N  O  X  Z
Ţ  J  Z  I  H  C  N  U  N  E  G  M  T  D  A  V
Q  J  S  W  E  Q  N  R  Z  U  K  Ă  R  U  G  L
U  C  A  P  L  R  B  I  E  F  I  R  M  X  B  P
Q  Y  N  E  G  Y  C  B  Z  M  S  H  O  D  Ă  A
G  F  A  L  C  Ă  N  Z  E  L  G  F  D  B  R  Q
U  V  E  A  K  J  Ţ  Q  I  N  I  M  Ă  I  B  L
F  Y  O  Y  F  Z  M  T  G  L  I  B  B  S  I  Q
T  C  W  L  N  U  Z  A  E  Y  O  C  Q  Q  E  B
```

GURĂ	OCHI
CAP	UMĂR
CREIER	URECHE
INIMĂ	PIELE
COT	PICIOR
DEGET	GÂT
GENUNCHI	BĂRBIE
FALCĂ	SÂNGE
MÂNĂ	FRUNTE
NAS	GLEZNĂ

48 - Caminhada

```
C B W Ţ P R U Y T N P G P J N F
L Y U G W I A K S R A I E X H B
I C P H F G E Ă Z F R N R S S Q
M C I C Y S R T R J C O I Ă V X
A R W Z U J I R R N U P C L R S
T B S I M Q T A U E R G O B E O
I C T E K E Ă H C R I N L A M R
S D Â Y N O G L X A D I E T E I
O R N L A A E G L O H P O I Y E
B O C R Q B R N X S X M R C I N
O W Ă S V F P O A X P A P C W T
M U N T E O A V Y T K C H P A A
A N I M A L E G R S U Q B F T R
P G B P P N F U V L T R O X H E
G H I D U R I Ţ X X N L Ă E J B
X D I A P Ă R X U A B C Y D L P
```

CAMPING

ANIMALE

APĂ

CIZME

OBOSIT

CLIMAT

GHIDURI

HARTĂ

MUNTE

NATURĂ

ORIENTARE

PARCURI

PIETRE

STÂNCĂ

PERICOLE

GREU

PREGĂTIREA

SĂLBATIC

SOARE

VREME

49 - Biologia

```
E R Q Q D X O Y Y I Z H M E H E
N N O R U E N S L P L S E M Ţ V
B J Z Y E F H V M N G J U B B O
Z Ă N I E T O R P O Ă N C R M L
Ţ M S E M M Y E D P Z D F I A U
J A A F L Ă F N R Z O Ă I O M Ţ
C O L A G E N Y M E I L R N I I
H O R M O N I T G J B I E X F E
M F U D N Z T Ţ T K M T S X E D
R H I I R E T C A B I P C U R M
R U G C P E F T Z T S E B V F H
A N A T O M I E D I U R Q S F Z
F O T O S I N T E Z Ă M Q O U W
C E L U L Ă W X C R O M O Z O M
D S I N A P S Ă Q T Q V N L N O
Ţ X X N P O O O Z Y I C P L H H
```

ANATOMIE	MAMIFER
BACTERII	MUTAŢIE
CELULĂ	FIRESC
COLAGEN	NERV
CROMOZOM	NEURON
EMBRION	OSMOZĂ
ENZIMĂ	PROTEINĂ
EVOLUŢIE	REPTILĂ
FOTOSINTEZĂ	SIMBIOZĂ
HORMON	SINAPSĂ

50 - Beleza

```
C O S M E T I C E S U D O R P K
E A S V Z J C L Y P Z D M D S F
M A T G E I Ţ A R G Q U L F D O
R U I D L E M I R U B B V Y L A
A L L Q C L E J P Z J Q Y J I R
F E I R U E V W E R A O L U C F
V I S Ţ B I M O T Q I I Ș I P E
Q U T X T P C Y L Z H U A G S C
J R E L E G A N Ţ Ă C E M F U E
O I I C I V R E S F A L P B Z U
X G N L W K W H D D M E O H M K
J Z L C Z G A D D M U G N Ţ N I
T X C I N E G O T O F A Ţ L P Z
E L Y F N V H J P A R N H P L R
Y S S H H D D Q T B A T V M E K
A D Ţ V T V Ă V X O P L T Ţ J M
```

RUJ	PARFUM
BUCLE	GRAŢIE
FARMEC	MACHIAJ
CULOARE	ULEIURI
COSMETICE	PIELE
ELEGANT	PRODUSE
ELEGANŢĂ	RIMEL
OGLINDĂ	SERVICII
STILIST	FOARFECE
FOTOGENIC	ȘAMPON

51 - Filantropia

```
E  T  A  T  I  N  A  M  U  O  Z  F  N  X  I  G
G  L  O  B  A  L  Ţ  V  I  I  P  O  C  B  S  S
Q  K  D  R  G  F  N  T  N  S  G  Q  J  L  T  I
E  T  A  T  I  R  A  C  A  I  I  H  Z  W  O  R
A  F  X  Ţ  I  X  N  Y  C  T  N  U  G  Q  R  U
O  B  I  E  C  T  I  V  E  L  E  B  N  N  I  P
X  U  M  T  E  C  F  M  E  A  M  R  O  E  E  U
C  O  N  T  A  C  T  E  K  U  A  O  E  H  P  R
W  K  O  O  E  T  A  T  I  Z  O  R  E  N  E  G
K  L  X  G  S  K  P  R  O  V  O  C  Ă  R  I  L
Y  V  P  R  O  G  R  A  M  E  L  I  N  A  O  T
Z  U  F  O  N  D  U  R  I  A  L  L  J  N  V  J
C  O  M  U  N  I  T  A  T  E  H  B  C  J  E  S
Q  O  N  E  S  T  I  T  A  T  E  U  U  X  N  G
N  N  D  Y  V  H  R  X  Z  W  C  P  X  V  O  M
T  L  Z  O  V  W  J  V  X  F  G  X  S  G  T  Y
```

CARITATE	ISTORIE
COMUNITATE	ONESTITATE
CONTACTE	UMANITATE
COPII	TINERET
PROVOCĂRI	MISIUNE
FINANŢA	NEVOIE
FONDURI	OBIECTIVELE
GENEROZITATE	OAMENI
GLOBAL	PROGRAME
GRUPURI	PUBLIC

52 - Ecologia

```
C P V N K H C D I A O W A H R C
E J O C R T P O Y F L O R Ă T W
S A R A J C O U M Q X F F J Y L
U C L I M A T Y X U B R A V H E
P C S I Q J G H E T N N H D T G
R K R E F A U N Ă D L I W W O E
A C Ă T R C F R Z Q R T M B T
V Ă T A U I H A B I T A T Ă K A
I L E T H K F V H G Ţ M O N Ţ T
E I C E P S R J E B Z F K I E I
Ţ B E I Ţ A T E G E V D D T N S
U A S R Z D N A S U A L Z Ş A R
I R L A B O L G V U G X P A T E
R U Y V U O O B K F R V V L U V
E D T P L A N T E C O S C M R I
V O L U N T A R I D H Q E G Ă D
```

CLIMAT
COMUNITĂȚI
DIVERSITATE
SPECIE
FAUNĂ
FLORĂ
GLOBAL
HABITAT
MARIN
FIRESC

NATURĂ
MLAȘTINĂ
PLANTE
RESURSE
SECETĂ
SUPRAVIEȚUIRE
DURABILĂ
VARIETATE
VEGETAȚIE
VOLUNTARI

53 - Família

```
J  A  S  U  E  Y  V  J  X  W  U  X  E  T  H  R
M  Ţ  Y  T  I  I  P  O  C  T  S  O  N  M  V  M
Y  V  H  Z  R  G  P  L  I  P  O  C  W  A  O  Ă
K  Ă  Q  X  Ă  Ă  N  U  K  L  I  P  K  M  A  T
M  R  Y  G  L  T  M  Ţ  N  S  I  W  E  Ă  S  U
D  E  F  R  I  A  F  O  S  M  A  V  P  N  O  Ş
F  A  R  Z  P  T  E  S  Ș  F  S  Ţ  O  R  R  Ă
V  C  A  S  O  A  Ţ  V  E  S  O  Ț  I  E  A  P
G  Y  T  A  C  I  N  U  B  O  N  R  E  T  A  P
F  M  E  W  B  Z  H  H  P  I  Ţ  P  C  A  C  B
K  L  A  M  L  R  F  C  G  X  Q  X  V  M  I  D
L  W  O  A  V  U  V  U  N  D  D  C  F  R  I  A
N  E  P  O  A  T  Ă  U  U  U  G  W  N  I  F  R
O  U  Y  Q  L  Ţ  F  S  H  X  D  Y  E  T  Y  F
T  Z  Y  K  M  D  V  Q  J  E  R  M  K  U  Q  D
C  C  C  O  Z  T  O  O  S  K  F  F  L  Y  V  Q
```

STRĂMOȘ	MATERN
BUNICA	MAMĂ
COPIL	NEPOT
COPII	TATĂ
SOȚIE	PATERN
FIICA	VĂR
COPILĂRIE	NEPOATĂ
SORA	MĂTUȘĂ
FRATE	UNCHI
SOȚUL	

54 - Férias #2

```
F R E S T A U R A N T P E V B V
W O B K R Z M W K E R A M T Ț A
D C T Ț O S M E D M O N P O H C
Q D Z O C R E B I L P M I T O A
V I Z Ă G I I L X Y S Ț G C T N
P E T U N R Ț J A D N I K B E Ț
T A Z G I Ă A L T L A Q I M L Ă
X V B X P V N F E M R P W Q O Z
S J Q P M R I Ț I R T B L Y Y B
G T L N A E T A R I I N H A V P
O M R N C Z S Ț O X D L T E J U
S W I Ă S E E Q T H A R T Ă X Ă
L W G E I R D B Ă L U S N I T S
H Q O J K N X C L G W C Z G N R
P A Ș A P O R T Ă F V H P N D U
A E R O P O R T C G F M T R P J
```

CAMPING	MARE
AEROPORT	PAȘAPORT
DESTINAȚIE	PLAJĂ
STRĂIN	REZERVĂRI
VACANȚĂ	RESTAURANT
FOTOGRAFII	TAXI
HOTEL	CORT
INSULĂ	TRANSPORT
TIMP LIBER	CĂLĂTORIE
HARTĂ	VIZĂ

55 - Edifícios

```
X X T C B H H Z P Y F S S S A K
H J D U V J A R A G Ţ T A G P T
H O T E L N Z M Q I E A U D A H
G T W R N I N S B E O D Z T R Y
R O T A R O B A L A T I P S T S
O I R P U G Y G J D R O P N A A
T T O W T B D R I S L N N Y M C
A G C U J S B M W M L I K S E O
V M V Ă L A O C Ş U L P Y K N A
R J B T E K R A M R E P U S T C
E C Ţ A T F E R M Ă C I R B A F
S U D M S Ţ M T T C I H A D H Ţ
B H N E A A Z U R T A E T P D C
O F K N C V D S Z T P Q S E X U
Y S N I G B T Ă E E R K V J A I
S T R C O H W I L J U D G V Z K
```

APARTAMENT
CASTEL
HAMBAR
CINEMA
AMBASADĂ
ŞCOALĂ
STADION
FERMĂ
FABRICĂ
GARAJ

SPITAL
HOTEL
LABORATOR
MUZEU
OBSERVATOR
SUPERMARKET
TEATRU
CORT
TURN

56 - Aventura

```
K  F  E  N  T  U  Z  I  A  S  M  L  I  N  U  T
I  R  Ă  C  O  V  O  R  P  A  K  F  V  A  C  U
E  U  S  W  K  Y  E  T  A  T  I  V  I  T  C  A
A  M  N  P  S  I  G  U  R  A  N  Ţ  Ă  U  M  F
D  U  A  E  A  J  X  D  A  O  I  D  B  R  Q  Q
E  S  Ş  R  H  A  E  C  R  V  A  D  T  Ă  R  V
S  E  W  I  A  I  S  F  E  I  R  U  C  U  B  K
T  Ţ  Q  C  Z  F  G  P  N  M  M  K  P  U  U  D
I  E  A  U  E  T  A  T  I  N  U  T  R  O  P  O
N  W  Q  L  N  X  D  T  T  Q  Ţ  I  Ţ  G  C  W
A  U  X  O  B  O  C  C  I  F  A  U  M  H  F  E
Ţ  Z  Q  S  L  B  U  U  N  A  V  I  G  A  R  E
I  J  X  N  H  Z  A  E  R  I  T  Ă  G  E  R  P
E  P  R  I  E  T  E  N  I  S  L  A  C  U  E  J
Q  E  L  E  T  A  T  L  U  C  I  F  I  D  J  C
N  E  O  B  I  Ș  N  U  I  T  O  E  F  F  Q  J
```

BUCURIE	NEOBIȘNUIT
PRIETENI	ITINERAR
ACTIVITATE	NATURĂ
FRUMUSEŢE	NAVIGARE
ŞANSĂ	NOU
PROVOCĂRI	OPORTUNITATE
DESTINAŢIE	PERICULOS
DIFICULTATE	PREGĂTIREA
ENTUZIASM	SIGURANŢĂ
EXCURSIE	

57 - Floresta Tropical

```
W R G B K S W Y A O A Ţ D E Q I
T V E R I U Ţ E I V A R P U S X
U A F F V A L O R O S J B Z T I
R T H Y U C N K P V R C A N O N
O M K R B G M A M I F E R E T D
N A T U R Ă I N E I B I F M A I
S P E C I E F U S O P I R J M G
K P T E E R A V R E S N O C U E
U C I N A T O B Z Q H S P I Ș N
R E S P E C T N K A V E Ă C C E
S Z Q E A J T T J Y V C S L H Ţ
H X V W L U K S J U D T Ă I I J
R E S T A U R A R E N E R M U L
D I V E R S I T A T E G I A V Q
C O M U N I T A T E Q N L T C S
D B M Z K Q V S D C E P F Ă Z U
```

AMFIBIENI
BOTANIC
CLIMAT
COMUNITATE
DIVERSITATE
SPECIE
INDIGENE
INSECTE
MAMIFERE
MUȘCHI

NATURĂ
NORI
PĂSĂRI
CONSERVARE
REFUGIU
RESPECT
RESTAURARE
JUNGLĂ
SUPRAVIEȚUIRE
VALOROS

58 - Cidade

```
U  N  I  V  E  R  S  I  T  A  T  E  G  K  B  W
L  I  B  R  Ă  R  I  E  R  J  Y  B  A  T  R  N
Ţ  M  R  A  C  A  C  I  N  I  L  C  L  A  U  J
H  A  O  R  E  A  T  R  O  P  O  R  E  A  T  T
A  K  V  O  T  F  E  A  I  T  Y  S  R  M  Ă  B
A  Y  Ţ  L  O  Q  K  Q  D  N  H  O  I  E  R  T
B  D  W  F  I  T  R  X  A  A  T  X  E  N  I  R
O  Y  Z  X  L  E  A  M  T  R  R  X  Y  I  E  F
K  B  Q  G  B  I  M  H  S  U  E  Q  O  C  C  V
L  M  U  K  I  C  R  N  O  A  L  U  D  V  J  L
K  N  Q  Ă  B  A  E  I  X  T  T  E  T  Z  R  B
B  C  C  L  P  M  P  C  V  S  E  L  Z  U  S  U
A  A  L  A  S  R  U  S  W  E  F  L  J  I  N  H
M  M  N  O  L  A  S  Z  E  R  X  O  F  Y  L  I
X  D  N  C  X  F  W  E  E  G  L  P  U  Y  Z  X
C  V  Ţ  Ş  Ă  Ţ  A  I  P  U  R  T  A  E  T  Z
```

AEROPORT
BANCĂ
BIBLIOTECĂ
CINEMA
CLINICA
ȘCOALĂ
STADION
FARMACIE
FLORAR
GALERIE

HOTEL
LIBRĂRIE
PIAȚĂ
MUZEU
BRUTĂRIE
RESTAURANT
SALON
SUPERMARKET
TEATRU
UNIVERSITATE

59 - Música

```
M  C  I  S  A  L  C  A  D  T  P  R  A  Q  M  I
T  I  Â  S  O  R  Q  B  N  J  W  M  F  B  E  S
R  R  C  N  D  C  R  J  L  Ţ  A  O  P  M  E  T
A  I  Y  R  T  W  F  Ţ  M  O  H  P  R  S  R  M
Î  L  X  Ţ  O  Ă  D  A  L  A  B  E  E  D  P  U
M  N  J  Q  V  F  R  L  Y  T  U  R  Z  O  O  Z
E  H  R  Q  F  H  O  E  G  L  U  Ă  L  M  E  I
L  C  D  E  Z  R  C  N  Ţ  A  L  B  U  M  T  C
O  M  X  L  G  C  W  V  Ţ  T  R  I  T  M  I  I
D  E  L  A  C  I  Z  U  M  N  P  D  L  A  C  A
I  V  A  C  J  D  S  R  A  Â  C  Q  L  R  T  N
E  U  Ţ  O  K  O  X  T  D  C  X  T  X  M  J  H
X  Z  I  V  F  R  J  Ţ  R  K  O  J  P  O  N  G
I  M  P  R  O  V  I  Z  A  A  J  H  Y  N  V  C
I  N  S  T  R  U  M  E  N  T  R  O  E  I  I  Ţ
B  W  G  Y  S  M  Z  T  T  S  Q  E  Y  E  U  P
```

ALBUM	LIRIC
BALADĂ	MELODIE
CÂNTA	MICROFON
CÂNTĂREŢ	MUZICAL
CLASIC	MUZICIAN
COR	OPERĂ
ÎNREGISTRARE	POETIC
ARMONIE	RITM
IMPROVIZA	TEMPO
INSTRUMENT	VOCAL

60 - Matemática

```
C I R C U M F E R I N Ţ Ă V R S
U N G H I U R I R I R X C Ţ A U
F G F D I A M E T R U X F W Z M
Ţ E R T L K N Z P B S Q I V Ă Ă
P O A I Z Q T K P J N L S E D E
E M C T C K O E D P O E E I Ţ X
R E Ţ G H Z V N C M L L I Ţ R P
I T I M A R G O L E L A R A P O
M R U V K I H G N U I R T U G N
E I N O Z E C I M A L A E C D E
T E E L S G C L M W B P M E Y N
R W W U R E R O D R W J I A Z T
U S Y M R Q T P H G R O S K Y P
K B Q A W X D R E P T U N G H I
P E R P E N D I C U L A R A B O
A R I T M E T I C Ă O B P L D I
```

ARITMETICĂ	PARALELOGRAM
UNGHIURI	PERIMETRU
CIRCUMFERINŢĂ	PERPENDICULAR
ZECIMAL	POLIGON
DIAMETRU	RAZĂ
ECUAŢIE	DREPTUNGHI
EXPONENT	SIMETRIE
FRACŢIUNE	SUMĂ
GEOMETRIE	TRIUNGHI
PARALEL	VOLUM

61 - Saúde e Bem Estar #1

```
L Q P O J P X Z Ţ B T Q F V H V
J B O A Y V U H M G E F C I O G
P D S H T L H Q I V R E N R R J
Ţ J T O B I C E I Y A K H U M L
C O U R Z S D N I C P T C S O G
I I R E T C A B E V I T C A N Ţ
O F Ă N I C I D E M E Z Q Ţ I M
R O T C O D T R A T A M E N T P
X E L F E R H W B C P Y M A I N
W Y L T C O G E Y L L V I L A I
U F C A P L C W E I H K Ţ A O G
P L X D X F U V Y N C P L Q P B
S G Y O I A X P E I I R Ă P L A
M E I C A M R A F C Q V N I V Q
P I E L E S T E M A O F Î D E T
L T V S V Ţ E F R A C T U R Ă N
```

ÎNĂLŢIME	MEDICINĂ
ACTIV	NERVI
BACTERII	OASE
CLINICA	PIELE
DOCTOR	POSTURĂ
FARMACIE	REFLEX
FOAME	RELAXARE
FRACTURĂ	TERAPIE
OBICEI	TRATAMENT
HORMONI	VIRUS

62 - Imigração

```
L O C U I N Ț Ă C D I Z Y L V N
R G D L L B O W T U J O K R L I
C E X N M S X N E G O C I E R E
H R M R P Z M H I B R Q E T P A
S A S E E R E I T N O R F N R P
S R S L J S N C A B M I L E O R
E T C O P I I B U W N V Z M T O
C S R F Y W B C T N Q H L U E B
O I E E E R A C I N U M O C C A
R N Ț J S M M A S L E G E O Ț R
P I I Ț L U D A J G Q G V D I E
U M F C O R U Ț U U B D M H E Q
D D O S O L U Ț I E T T Y K M J
A A E R A Ț N A N I F O R H W G
B M F K B P G V O W Ț M R Q Z X
N Y U G E Y S W G S Z N A Y K Q
```

ADMINISTRARE	LOCUINȚĂ
ADULȚI	LEGE
AJUTOR	LIMBA
APROBARE	NEGOCIERE
COMUNICARE	OFIȚER
COPII	PROCES
DOCUMENTE	PROTECȚIE
STRES	SITUATIE
FINANȚAREA	SOLUȚIE
FRONTIERE	

63 - Natureza

```
T R E Ș E D T X W L A T I V Y N
M R A Ț E H G D N Q D J J H Y H
V U O S D P R K B H Ă Ț A E C F
H F Q P Ț A S I A L P G Q H K P
S T V C I T C R A B O W T O M E
W R K G N C E E Ț E S U M U R F
T L U Q N D A A L N T O N U R S
V A S Ț G J I L M F R U N Z E P
Q N R A U T C N A S V M P F N Ă
F I Â T O S Q S A T V Y H J I D
Z M U S Y L M K X M O N J F B U
C A S C F N I A R T I R C Ț L R
G L E X P E O U I R T C E P A E
O E N U I Z O R E P A Ș N I C Ă
F B I X G S K C I T A B L Ă S W
C R N B Q I W A J H H D Z C U X
```

ALBINE
ADĂPOST
ANIMALE
ARCTIC
FRUMUSEȚE
DEȘERT
DINAMIC
EROZIUNE
PĂDURE
FRUNZE

GHEȚAR
CEAȚĂ
NORI
PAȘNICĂ
RÂU
SANCTUAR
SĂLBATIC
SENIN
TROPICAL
VITAL

64 - A Empresa

```
Y P Z S Z N O W J H V U T T O I
S E R G O R P I A E E Q N E P J
H K C E V E N I T U R I S N T R
D Y Y T Z C A L I T A T E D N I
S T A M M E Ț O J E J Y P I Z H
U J X K D R N R O T A V O N I R
D E C I Z I E T A E G U N Ț Ț C
O H U M M V J Z A W N C T E Ă W
R G L O B A L D I R A A K H T G
P I N D U S T R I E E F R X I T
P R O F E S I O N A L A Z J N V
R E S U R S E P W N S C W D U D
T I F X W I I Ț I T S E V N I U
R I S C U R I Y B N R R B I N F
F J P E T A T I L I B I S O P X
C R E A T I V R E P U T A T I E
```

PREZENTARE
CREATIV
DECIZIE
ANGAJARE
GLOBAL
INDUSTRIE
INOVATOR
INVESTIȚII
AFACERI
POSIBILITATE

PRODUS
PROFESIONAL
PROGRES
CALITATE
VENITURI
RESURSE
REPUTATIE
RISCURI
TENDINȚE
UNITĂȚI

65 - Doença

```
E N E U R O P A T I E A C E T I
R A O J D C I K U R H C I R E M
A K C X O B G C M O H U T E R U
T U X C L L P I O B A T E D A N
I N I M Ă H L N Y N K S N I P I
R X I O X B O O F I T R E T I T
I X G R H U M R H E A A G A E A
M R R D L S B C Ț M I A G R Y T
C K E N E T A Ă N Ă S Z I A E
O G L I B T R U W P Y P P W O B
R L A S V M Q R Y Y K D L R S S
P R E S P I R A T O R I I F W T
R R F Y C B Ț A B N D N G Y V W
P U L M O N A R Q X P Z A G B N
Z E A W P U W L A N I M O D B A
V U U Ț Ț U O U S K H O S K D T
```

ABDOMINAL
ACUT
ALERGII
CONTAGIOS
INIMĂ
CORP
CRONIC
SLAB
GENETIC
EREDITAR

IMUNITATE
IRITARE
LOMBAR
NEUROPATIE
OASE
PULMONAR
RESPIRATORII
SĂNĂTATE
SINDROM
TERAPIE

66 - Aquecimento Global

```
C  C  M  A  D  E  Z  V  O  L  T  A  R  E  O  C
R  L  R  P  T  I  N  D  U  S  T  R  I  E  M  V
C  C  I  I  R  E  T  A  D  Z  I  O  I  T  D  A
G  O  I  M  Z  B  N  V  Ț  T  N  T  Ț  A  E  U
I  N  Ț  X  A  Ă  R  Ț  S  B  T  I  A  R  Ș  E
A  S  A  F  G  T  E  T  I  Ț  E  I  R  C  T  N
K  E  L  V  Q  W  V  E  F  E  R  V  E  T  I  E
Z  C  U  A  M  E  U  M  F  I  N  A  N  I  I  R
Y  I  P  V  B  D  G  P  F  Ț  A  S  E  C  N  G
I  N  O  O  G  U  E  A  A  Ț  D  G  C  Ț  I
A  Ț  P  Q  O  M  P  R  H  L  I  R  G  O  Ă  E
C  E  V  S  T  E  C  A  F  S  O  W  T  X  V  Q
U  I  D  E  M  V  C  T  Q  I  N  X  B  C  A  S
M  U  N  D  J  I  S  U  K  G  A  Z  V  X  W  R
P  B  P  W  V  G  D  R  U  E  L  D  L  P  B  V
T  P  A  A  H  O  E  I  H  L  K  Q  M  Z  Q  W
```

ACUM
MEDIU
ATENȚIE
ARCTIC
OM DE ȘTIINȚĂ
CLIMAT
CONSECINȚE
CRIZĂ
DATE
DEZVOLTARE

ENERGIE
VIITOR
GAZ
GENERAȚII
GUVERN
INDUSTRIE
INTERNAȚIONAL
LEGISLAȚIE
POPULAȚII
TEMPERATURI

67 - Aviões

```
C Q B R B O K E I Ț C E R I D Ț
A N D A R O P X L U O K E O K J
S F D T L S D Y U M B F C O I F
Ă R E F S O M T A F O V X S I O
E J U F O I N C Ț L R O T O M Z
N Ă R U T N E V A A Â E Q G X F
I E E W O E I Ț C U R T S N O C
D C D Ț L G M O Y K E V X D E D
U E X M I O I I Y H L C G P I E
T Q R L P R O S Ț R P J S A B A
I R K Z T D N L T L J Z B S M Q
T T J A P I H C E O Ă K L A F Q
L W T O I H L Y T X R N I G C P
A T E R I Z A R E W D I Î E L B
C O M B U S T I B I L P E R E A
T U R B U L E N Ț Ă H E T P C I
```

ALTITUDINE	COBORÂRE
ÎNĂLȚIME	DIRECȚIE
AER	HIDROGEN
ATERIZARE	ISTORIE
ATMOSFERĂ	UMFLA
AVENTURĂ	MOTOR
BALON	PASAGER
CER	PILOT
COMBUSTIBIL	ECHIPAJ
CONSTRUCȚIE	TURBULENȚĂ

68 - Tipos de Cabelo

```
O O O J Z O Y Ţ Z A D H D C D U
G N H Y P O C O L O R A T E U R
K S D L U C I O S X V W I Y L N
X I F U F Y Y Y F K F L T U I Q
E Ţ N B L C A E T Ţ Y U E X K Q
U E F C Q A R L Y C I N L Z Z B
H S G L L S T C H E L G P I K O
I O C N E G R U P U Z L M U S Q
Y R S A D K R B M A R O Î X X B
V G S O T Ă N Ă S B L O N D H Z
A L B J Y C R A M M O A L E S M
J N U R O I R U T I T E L P M Î
Z Q V X G R I E F X W U S Ţ K M
B M H P A L Q U T A R G I N T Z
R G X X P S U B Ţ I R E V E R K
E S U K X W M W T K E R E B Q I
```

ALB	LUNG
LUCIOS	MARO
BUCLE	ONDULAT
CHEL	ARGINT
GRI	NEGRU
COLORATE	SĂNĂTOS
CRET	USCAT
SUBŢIRE	MOALE
GROS	ÎMPLETIT
BLOND	ÎMPLETITURI

69 - Formas

```
T  J  C  Y  X  D  Ţ  B  D  C  R  E  C  A  J  R
X  U  E  N  D  C  S  Ţ  R  R  O  B  U  Q  H  A
O  M  Q  M  H  O  I  L  E  A  Ţ  N  C  R  Ţ  G
X  G  W  M  T  L  D  Ţ  P  S  Q  G  I  E  D  D
P  A  R  T  E  Ţ  W  L  T  B  H  Q  G  P  S  S
P  O  H  M  T  J  U  F  U  N  G  J  Y  C  O  T
J  Ă  B  R  U  C  B  J  N  W  C  P  P  I  C  T
E  L  T  T  Z  X  Ă  N  G  I  A  E  O  L  P  R
D  O  Ă  R  E  F  S  D  H  J  T  M  L  I  Y  I
R  B  U  C  A  D  P  Ţ  I  Ă  G  N  I  N  T  U
P  R  A  H  F  T  I  B  K  M  Ţ  C  G  D  L  N
A  E  M  O  V  A  L  Q  P  S  A  A  O  R  I  G
D  P  N  D  C  D  E  X  U  I  U  R  N  U  N  H
D  I  C  K  A  X  N  P  I  R  V  F  I  B  I  I
X  H  V  X  E  N  C  I  U  P  M  Q  V  P  A  A
S  P  C  H  J  K  R  R  O  K  F  H  Q  Ţ  F  Ţ
```

ARC
COLŢ
CILINDRU
CERC
CON
CUB
CURBĂ
ELIPSĂ
SFERĂ
HIPERBOLĂ

PARTE
LINIA
OVAL
PIRAMIDĂ
POLIGON
PRISMĂ
PĂTRAT
DREPTUNGHI
TRIUNGHI

70 - Criatividade

```
S  T  X  C  Ț  Ț  C  H  S  O  R  W  J  V  E  F
T  C  S  N  G  A  T  L  W  P  K  Q  G  S  M  L
N  F  I  U  T  I  E  C  A  S  O  P  Ț  I  O  U
D  R  A  M  A  T  I  C  N  R  V  N  W  O  Ț  I
I  Î  A  E  I  Z  Ț  K  Ț  I  I  F  T  C  I  D
N  N  R  X  N  Ț  I  L  E  S  T  T  A  A  I  I
S  D  T  P  E  U  S  N  G  N  M  A  A  N  T
P  E  I  R  E  S  T  W  I  O  E  Z  P  T  X  A
I  M  S  E  N  V  N  V  G  Z  V  R  D  I  E  T
R  Â  T  S  S  E  I  Ț  A  Z  N  E  S  M  P  E
A  N  I  I  I  Q  C  Z  M  K  I  M  K  P  E  N
Ț  A  C  E  T  N  E  M  I  T  N  E  S  R  X  N
I  R  V  T  A  H  M  P  L  U  Z  E  I  E  E  O
E  E  X  Y  T  D  H  Ț  J  O  N  Z  Y  S  J  E
S  B  U  I  E  H  Z  P  I  A  E  I  L  I  Q  Y
A  U  T  E  N  T  I  C  I  T  A  T  E  E  R  E
```

ARTISTIC
AUTENTICITATE
CLARITATE
DRAMATIC
EMOȚII
SPONTAN
EXPRESIE
FLUIDITATE
ÎNDEMÂNARE

IMAGINE
IMPRESIE
INSPIRAȚIE
INTENSITATE
INTUIȚIE
INVENTIV
SENZAȚIE
SENTIMENTE
VIZIUNI

71 - Dias e Meses

```
P  I  A  N  U  A  R  I  E  E  Ţ  O  Y  E  U  D
T  I  I  I  Y  S  L  F  D  U  O  A  J  O  W  U
J  I  J  M  Q  Ţ  N  E  T  K  I  M  H  I  N  M
D  E  C  E  M  B  R  I  E  C  Y  I  Ţ  P  U  I
V  I  N  W  L  M  S  O  A  W  T  X  U  X  H  N
P  R  A  O  B  X  Ă  J  C  O  P  J  H  K  A  I
E  B  A  F  I  P  N  Y  Ă  T  Ă  B  M  Â  S  C
J  M  P  V  Ţ  E  Â  G  Z  V  I  N  E  R  I  Ă
I  O  R  K  R  B  M  I  U  L  I  E  U  N  O  R
U  T  I  V  A  K  Ă  B  R  A  D  N  E  L  A  C
N  C  L  A  M  D  T  Ţ  R  G  T  N  D  G  U  J
I  O  I  S  J  A  P  M  Ţ  I  G  D  S  I  X  Q
E  W  E  B  D  H  Ă  X  C  J  E  I  L  S  Z  P
O  V  O  H  F  T  S  U  G  U  A  D  H  U  Z  Z
F  E  B  R  U  A  R  I  E  N  Ţ  N  C  L  N  G
S  E  P  T  E  M  B  R  I  E  D  A  N  Ţ  C  I
```

APRILIE
AUGUST
AN
CALENDAR
DECEMBRIE
DUMINICĂ
FEBRUARIE
IANUARIE
IULIE
IUNIE

LUNĂ
NOIEMBRIE
OCTOMBRIE
JOI
SÂMBĂTĂ
LUNI
SĂPTĂMÂNĂ
SEPTEMBRIE
VINERI
MARŢI

72 - Saúde e Bem Estar #2

```
Y  F  M  Ţ  A  L  A  O  B  A  E  O  Ă  U  P  K
G  U  A  J  S  X  P  R  O  C  I  Ţ  N  J  R  Z
F  X  S  Q  V  H  E  L  W  Ă  T  E  I  D  E  I
C  C  A  X  U  O  T  A  H  Q  S  C  M  S  C  V
S  A  J  S  Ă  C  I  T  E  N  E  G  A  U  U  U
Â  I  L  P  V  R  T  I  S  U  G  P  T  S  P  H
N  N  D  O  D  I  S  P  O  Z  I  T  I  E  E  A
G  F  B  A  R  S  F  S  Y  B  D  Ţ  V  I  R  L
E  E  T  D  G  I  U  S  Y  O  Y  M  I  G  A  E
Ţ  C  D  Q  N  R  I  Q  R  W  G  D  S  R  R  R
P  Ţ  J  N  M  I  E  J  K  N  E  B  Ă  E  E  G
U  I  Z  K  K  Q  G  U  P  E  U  F  N  N  C  I
Q  E  O  Z  G  I  R  I  T  O  H  J  Ă  E  S  E
A  N  A  T  O  M  I  E  E  A  J  M  T  A  V  M
O  I  O  Y  Q  J  E  B  K  N  T  U  O  J  E  Q
S  F  T  S  F  Q  U  Ţ  J  V  Ă  E  S  V  Ţ  Q
```

ALERGIE	IGIENĂ
ANATOMIE	SPITAL
APETIT	DISPOZITIE
CALORII	INFECŢIE
CORP	MASAJ
DIETĂ	GREUTATE
DIGESTIE	RECUPERARE
BOALA	SÂNGE
ENERGIE	SĂNĂTOS
GENETICĂ	VITAMINĂ

73 - Geografia

```
A M K L Ţ F L Ş N L G Z B Ţ Z H
L P E R A M N A S Q S Ţ W K V T
T B N R W G O R T I U C L T Q N
I U U J I O R O E I F G H O W R
T Z I G Ţ D D Y L U T F S F Y A
U U G X Y C I Ţ M S L U J O K T
D J E X B Z O A O U P M D Z N L
I M R V T U Q N N D X G N I I A
N J S W R T U T T Ţ F Z F L N S
E Q C Y Ă R E F S I M E M U F E
U L T L N J R Z E T N U M M O R
P S I N S U L Ă V X A E Y E C T
S Q S W C K Ţ V B E B F N L E J
H A R T Ă A A G V G Ţ Z S T A R
I P F Y U I R O T I R E T W N Â
I P W Y Q N Ă Y Ţ B E A O Y V U
```

ALTITUDINE	MUNTE
ATLAS	LUME
ORAȘ	NORD
CONTINENT	OCEAN
EMISFERĂ	VEST
INSULĂ	ȚARĂ
LATITUDINE	REGIUNE
HARTĂ	RÂU
MARE	SUD
MERIDIAN	TERITORIU

74 - Antártica

```
N T E P F C M Q P F M G E S N B
Q V I X S U E F E L A R E N I M
P J F J S H D I N O I J T V L L
J R A W Ă Q I P I G K L K I O E
Y F R Z Ț T U T N E N I T N O C
M I G R A Ț I E S C D I T S H T
Ș P O X E C H G U O T I Ț U S E
T I P V H H O N L V C J S L Ț M
I N O B G X F N Ă P A N I E N P
I G T F B P I O S E Y O Â Y D E
N U G H E Ț A R I E D N W T A R
Ț I X R O T Ă T E C R E C G S A
I N E X P E D I Ț I E V H P D T
F I G E O G R A F I E M A I D U
I I T P X B G Y C N G G H R U R
C I D B X Ț N P B F G W V S E A
```

MEDIU
APĂ
GOLF
ȘTIINȚIFIC
CONSERVARE
CONTINENT
COVE
EXPEDIȚIE
GHEȚARI
GHEAȚĂ

GEOGRAFIE
INSULE
CERCETĂTOR
MIGRAȚIE
MINERALE
PENINSULĂ
PINGUINI
STÂNCOS
TEMPERATURA
TOPOGRAFIE

75 - Flores

```
X O A H T H N D H C N I O T N I
Q R L H F R V P F T A M R R A A
N Ă J M Z B I Q H J G A H A R S
Y T E A M E C F Ţ H A G I N C O
A E I D Ă P Ă P O T R N D D I M
W R R S Q X R B O I D O E A S I
L A Q S B U C H E T E L E F Ă E
E G P L U M E R I A N I Q I D F
S R Y K D C C X C E I E V R N G
F A P M I I S Z E L E O Q Ţ A V
E M L F C F J I G A X Y T C V G
Y A I G R O J U B L K S J R A P
L C L H I C W K L I P E T A L Ă
Z M I Z N B P Q G C H A N H S H
V R A T P K W T A Ţ K G L L G Q
Q I C Y E P C W P B T J V Z P Y
```

BUCHET	NARCISĂ
PĂPĂDIE	ORHIDEE
GARDENIE	MAC
HIBISCUS	BUJOR
IASOMIE	PETALĂ
LAVANDĂ	PLUMERIA
LILIAC	TRANDAFIR
CRIN	TRIFOI
MAGNOLIE	LALEA
MARGARETĂ	

76 - Fazenda #1

```
V  I  Ț  E  L  H  X  Q  J  Z  P  A  T  Ț  B  Q
W  G  B  Z  A  N  R  D  S  W  W  B  U  R  N  X
G  X  O  Q  C  Q  P  Y  Y  I  N  E  R  E  I  M
L  A  X  Ț  F  S  H  U  F  Q  I  T  M  F  H  N
J  I  R  A  L  B  I  N  Ă  C  A  V  Ă  D  G  M
K  B  F  D  U  U  E  Â  H  R  I  N  C  O  Y  Î
M  Ă  G  A  R  I  Ț  F  C  A  P  W  D  F  Q  N
Z  J  N  F  M  E  C  W  M  U  Y  A  Y  D  L  G
E  B  Q  N  U  C  R  O  P  S  Z  B  C  I  B  R
R  A  P  Ă  N  W  Â  Y  X  N  Ă  O  R  E  Z  Ă
P  I  S  I  C  Ă  J  M  B  X  R  R  S  N  G  Ş
G  A  V  M  V  H  K  Ț  P  E  A  X  G  I  S  Ă
B  R  T  B  A  E  M  T  U  F  O  N  Q  Â  E  M
E  E  Q  K  V  C  C  T  P  U  I  Ț  N  C  K  Â
I  E  G  K  Z  M  U  L  Q  S  C  E  R  M  K  N
A  G  R  I  C  U  L  T  U  R  Ă  B  O  V  U  T
```

ALBINĂ	GARD
AGRICULTURĂ	CIOARĂ
OREZ	FÂN
APĂ	ÎNGRĂŞĂMÂNT
VIȚEL	PUI
MĂGAR	PISICĂ
CAPRĂ	MIERE
CÂMP	PORC
CAL	TURMĂ
CÂINE	VACĂ

77 - Livros

```
L R O T U A P I W E B W Ț I Q Ț
I E W A V Y O W P Z N J S K A M
T L P M A A V S D C Ț T S A J B
E E J C G U E I Ț C E L O C C V
R V F T Q N S X C Y L S I R C S
A A Z U S B T K O L M E O P I D
R N A M O R E U N K F R Q L P U
W T G B Ț A K S T P I I N N E A
I N V E N T I V E A O E X F Q L
I S T O R I C I X V D E Z N I I
T R A G I C G K T E P P Z E Ț T
X B G D O U T X Y N T A Z I U A
F S Y T A Y L J P T Q X G J E T
J D K T X G A G H U S Ț M I B E
N A R A T O R D K R Z E O Q N O
C I T I T O R M F Ă H E S A N Ă
```

AUTOR
AVENTURĂ
COLECȚIE
CONTEXT
DUALITATE
SCRIS
EPIC
POVESTE
ISTORIC
INVENTIV

CITITOR
LITERAR
NARATOR
PAGINĂ
POEM
POEZIE
RELEVANT
ROMAN
SERIE
TRAGIC

78 - Governo

```
D  R  E  P  T  A  T  E  E  X  V  I  C  O  W  N
K  Z  L  A  N  O  Ţ  A  N  M  N  O  L  P  W
N  Q  Z  M  E  I  Ţ  U  C  S  I  D  N  Ţ  O  L
R  Ţ  G  W  M  G  Z  H  P  G  O  E  S  G  V  H
E  Ţ  K  L  U  Q  L  E  G  E  J  P  T  A  T  S
G  R  G  Y  N  K  M  R  J  I  U  E  I  L  M  E
E  R  C  N  O  P  F  B  C  Ţ  R  N  T  I  C  G
C  T  Y  H  M  Y  Ţ  E  I  A  I  D  U  B  E  A
A  J  I  Ă  K  D  D  H  V  R  D  E  Ţ  E  T  L
U  A  I  C  P  J  V  M  I  C  I  N  I  R  Ă  I
N  A  Ţ  I  U  N  E  J  L  O  C  Ţ  E  T  Ţ  T
D  I  S  T  R  I  C  T  O  M  Q  Ă  L  A  E  A
I  L  Y  I  D  O  Ţ  N  B  E  P  T  I  T  N  T
D  I  I  L  X  T  Y  I  M  D  D  E  D  E  I  E
N  N  X  O  V  O  R  B  I  R  E  G  E  K  E  C
D  X  G  P  Q  A  Z  J  S  U  S  V  R  Z  V  W
```

CETĂŢENIE
CIVIL
CONSTITUŢIE
DEMOCRAŢIE
VORBIRE
DISCUŢIE
DISTRICT
STAT
EGALITATE
INDEPENDENŢĂ

JURIDIC
DREPTATE
LEGE
LIBERTATE
LIDER
MONUMENT
NAŢIONAL
NAŢIUNE
POLITICĂ
SIMBOL

79 - Jardinagem

```
B C O N T A I N E R L J R R Y G
A U D P H J Y R B K I B H F A Y
K I C I N A T O B L V J B Z Z A
C A I H Z G M C O F A N M N M Q
L G T J E I C E P S D A V Z P Ţ
I P O V X T T P E M Ă I E T Q Ţ
M X X T B W C O M E S T I B I L
A U E O U P H L Y Q O U R D D T
T S R T U Y G A O Y U Ţ Ă P L T
S E Z O N I E R C S Y U D P O R
O Z G J U V Ţ O P G T D R X A U
P N D C T G N L O N F R U N Z Ă
M U B H R T I F Z Z W S M C R M
O R E I U V M U M I D I T A T E
C F Q G F M E W R G E C K N H I
P B F R Ţ H S T P Q Q P Q T F O
```

APĂ
BOTANIC
BUCHET
CLIMAT
COMESTIBIL
COMPOST
SPECIE
EXOTIC
FLORAL
FRUNZĂ

FRUNZE
FURTUN
LIVADĂ
CONTAINER
SEZONIER
SEMINŢE
SOL
MURDĂRIE
UMIDITATE

80 - Profissões #2

```
D  I  J  F  M  P  B  R  D  L  I  Ţ  P  W  Q  L
E  N  U  E  E  P  I  V  J  O  N  S  G  O  M  G
N  V  R  R  D  R  K  L  L  H  Z  R  N  C  S  Y
T  E  N  M  I  A  F  R  O  S  E  F  O  R  P  Q
I  N  A  I  C  C  S  R  K  T  T  R  Q  V  T  T
S  T  L  E  G  E  T  G  X  P  R  F  H  H  M
T  A  I  R  P  T  P  R  R  A  N  I  D  Ă  R  G
C  T  S  R  S  O  S  E  A  O  P  I  C  T  O  R
L  O  T  Z  M  I  Y  N  Y  X  N  F  I  P  L  U
F  R  K  G  O  L  O  I  B  P  F  A  U  V  I  R
G  G  P  S  K  B  M  G  G  O  I  R  U  Ţ  N  I
S  G  F  J  M  I  P  N  O  O  L  G  R  T  G  H
Ţ  W  R  L  R  B  G  I  L  U  O  O  Ţ  M  V  C
C  E  R  C  E  T  Ă  T  O  R  Z  T  J  N  I  E
I  L  U  S  T  R  A  T  O  R  O  O  D  O  S  D
R  G  L  K  K  A  O  S  Z  M  F  F  K  V  T  T
```

FERMIER	INVENTATOR
ASTRONAUT	CERCETĂTOR
BIBLIOTECAR	GRĂDINAR
BIOLOG	JURNALIST
CHIRURG	LINGVIST
DENTIST	MEDIC
INGINER	PILOT
FILOZOF	PICTOR
FOTOGRAF	PROFESOR
ILUSTRATOR	ZOOLOG

81 - Negócios

```
K M O Q I W I B L F N B Q W O A
M K Ă G L I O F U D Ţ N X W U N
K P F F B D L B M G P C C N K G
U O R I B Q Y Y F X E X A T F A
R W A H N I Z A G A M T S O C J
Ţ E M C B A A S K H D R P V V A
V I D J M G N P R O F I T W A T
F N E U G N N Ţ Q Y P N M L L O
Y A B V C O C A A L C M C B U R
Q P T F Y E I M O N O C E H T C
K M A H Ţ I R F A B R I C Ă Ă A
G O J F S Y A E V Â N Z A R E R
O C A V E N I T U R I G B S K I
E G G Z M P W Y E F T V K E T E
B A N I I Ţ I T S E V N I Q A R
M B A S J C C U V K K G Y V W Ă
```

CARIERĂ
COST
REDUCERE
BANI
ECONOMIE
ANGAJAT
ANGAJATOR
COMPANIE
BIROU
FABRICĂ

FINANŢA
TAXE
INVESTIŢII
MAGAZIN
PROFIT
MARFĂ
VALUTĂ
BUGET
VENITURI
VÂNZARE

82 - Fazenda #2

```
I  F  Y  L  S  E  Y  R  H  Q  H  Ţ  H  A  A  Z
Y  R  K  X  V  R  R  M  P  Ţ  R  E  E  W  T  F
U  B  I  T  C  H  S  T  U  P  A  G  E  R  D  E
L  C  V  G  Q  C  K  C  Â  A  W  C  G  A  P  R
U  T  E  S  A  F  R  U  R  F  Y  D  D  O  X  M
N  R  G  I  A  R  B  R  G  P  O  R  U  M  B  I
C  A  E  U  Z  J  E  F  V  H  X  E  A  G  B  E
Ă  C  T  S  P  I  T  P  O  C  U  G  G  P  K  R
N  T  A  Ţ  L  E  P  F  L  X  M  U  E  N  O  H
D  O  L  E  E  L  A  M  I  N  A  P  D  R  R  J
O  R  G  R  I  Ţ  L  E  N  V  W  P  Q  A  Ţ  V
T  R  A  B  M  A  H  O  U  I  T  Ă  N  Ţ  Ţ  H
I  D  Z  Z  I  X  O  K  G  J  Ţ  S  U  Ă  J  E
L  I  V  A  D  Ă  E  H  Z  K  W  T  W  M  R  F
A  Z  E  X  Z  O  I  Y  H  E  D  O  S  A  O  S
G  Q  Y  M  L  Q  Y  X  P  O  U  R  F  L  W  N
```

FERMIER	COPT
ANIMALE	PORUMB
HAMBAR	OAIE
ORZ	PĂSTOR
STUP	RAŢĂ
MIEL	LIVADĂ
FRUCT	LUNCĂ
IRIGARE	TRACTOR
LAPTE	GRÂU
LAMĂ	VEGETAL

83 - Jardim

```
R X H D A Z T G N V F W O T I D
Y U R N C Y T E R K Q A X R H N
B U R U I E N I R E C S Z A A C
N O Y P P G A R D A B O I M M F
J N J Y J R I W L G S L E B A S
L R N C O P A C I R Q Ă Ă U C E
O O G A Z O N Q V G D Z C L V I
S Q P M L Ă D N A R E V T I G A
R X Ț A V M N Z D H Z P M N R R
J K H W T Ț A N Ă X Q B L Ă G B
Q T U B R Ă C N A B Ș I F U T Ă
G A R A J G N E U A Z E U D A M
T L F L O A R E L I E Q R F Q K
H P E C E P G U X A I J T M I Ț
T R G R Ă D I N Ă Z G Q U A Q S
V O S Y H M I N U F B W N V L G
```

GREBLĂ
TUFIȘ
COPAC
BANCĂ
GARD
BURUIENI
FLOARE
GARAJ
IARBĂ
GAZON

GRĂDINĂ
IAZ
HAMAC
FURTUN
LOPATĂ
LIVADĂ
SOL
TERASĂ
TRAMBULINĂ
VERANDĂ

84 - Oceano

```
P  W  F  X  M  X  Z  B  N  R  B  S  G  F  Q  M
Ţ  E  R  A  S  A  I  Y  A  D  Y  M  U  L  P
Q  T  Ş  C  G  C  R  M  Ă  R  I  B  B  R  F  J
C  E  P  T  P  O  Z  E  T  D  C  X  A  T  K  Q
Q  R  H  O  E  R  E  G  E  H  G  Ă  L  U  J  H
O  U  J  K  I  A  S  L  V  N  S  Ţ  E  N  P  Y
U  B  A  B  U  L  J  A  E  L  F  I  N  Ă  Z  T
D  C  F  D  V  A  L  U  R  I  J  T  Ă  M  R  R
K  K  S  E  A  B  U  D  C  L  S  A  O  E  F  O
Z  J  Ă  L  I  H  G  N  A  C  X  C  H  D  W  K
C  X  P  F  J  U  E  N  K  S  F  A  C  U  K  D
I  C  I  I  S  T  R  I  D  I  E  R  R  Z  R  J
E  O  H  N  T  O  N  H  D  B  U  A  A  E  E  Q
U  I  Ţ  Ţ  A  Q  V  C  C  F  P  C  B  F  C  B
G  L  B  R  T  Y  Z  E  K  H  F  C  U  L  I  U
E  G  D  W  G  G  D  R  I  G  I  F  J  V  F  W
```

ALGE	MAREE
TON	MEDUZE
BALENĂ	VALURI
BARCĂ	STRIDIE
CREVETĂ	PEŞTE
CRAB	CARACATIŢĂ
CORAL	RECIF
ANGHILĂ	SARE
BURETE	FURTUNĂ
DELFIN	RECHIN

85 - Profissões #1

```
X V O L M N L B A F V Q I D B S
C N K E R S V I M A E E A A U X
L A M H V Y X J B V T Q J N J C
K I R W N K X U A O E G W S A O
X C O T V B Y T S C R H P A S S
G I T S O C Ț I A A I W O T T A
E Z I I E G O E D T N I M O R R
O U D N Z O R R O M A X P R O T
L M E A L L V A R B R Q I H N I
O U R I J O F N F V A V E U O S
G C Z P S H O I N L Â N R I M T
V L R O T I O R C P M N C T X U
P T Q X X S Q A R G F M Ă H F Z
Y O O E E P S M D R Z X J T E P
I N S T A L A T O R F L U Q O R
O M D E Ș T I I N Ț Ă T W S J R
```

AVOCAT	EDITOR
CROITOR	AMBASADOR
ARTIST	INSTALATOR
ASTRONOM	GEOLOG
BANCHER	BIJUTIER
POMPIER	MARINAR
VÂNĂTOR	MUZICIAN
CARTOGRAF	PIANIST
OM DE ȘTIINȚĂ	PSIHOLOG
DANSATOR	VETERINAR

86 - Força e Gravidade

```
M Ţ M R N J I D I N A M I C P X
A P H A R Z Ţ C E N T R U U R M
G O N C G N Ă L V T I M P O E I
N X F I F N T Ă C I Z I F A S X
I W I N K Q E S E T T N K D I R
T L V A W M I T R F Q E P T U C
U Z M C K Ţ R I I D U N Z T N T
D N J E U H P M R S L U U Ă E E
I Ţ T M R E O P E B M I N Ţ X R
N H H Z C Y R A P Q Ţ S I N Q A
E I N R Ţ E P C O S O N V A L C
P L A N E T E T C N J A E T T E
G R E U T A T E S P U P R S S R
R W A R C L A N E Ţ Y X S I S F
O R B I T Ă N D D N G E A D B U
W A S P H F U G Q E W J L O N Q
```

FRECARE
CENTRU
DESCOPERIRE
DINAMIC
DISTANŢĂ
AXĂ
EXPANSIUNE
FIZICĂ
IMPACT
MAGNETISM

MAGNITUDINE
MECANICA
ORBITĂ
GREUTATE
PLANETE
PRESIUNE
PROPRIETĂŢI
VITEZĂ
TIMP
UNIVERSAL

87 - Ciência

```
J  Ţ  R  M  R  O  T  A  R  O  B  A  L  K  W  M
F  I  Z  I  C  Ă  M  T  Ţ  U  N  X  O  Ţ  M  A
A  I  A  Z  X  L  I  D  J  A  E  K  V  A  O  J
K  T  P  A  F  U  I  C  E  T  N  A  L  P  L  U
K  O  O  K  O  A  A  C  U  Ș  P  S  F  P  E  C
Q  I  W  M  S  K  O  K  T  B  T  P  V  T  C  A
Y  P  E  G  I  X  Q  E  Z  V  U  I  P  M  U  G
E  O  B  E  L  U  C  I  T  R  A  P  I  N  L  I
V  T  T  R  W  B  I  Ţ  A  D  G  N  L  N  E  Ţ
O  E  X  A  I  Q  M  A  M  V  A  T  Q  A  Ţ  G
L  Z  S  V  H  M  I  T  I  Y  J  T  T  Y  F  Ă
U  Ă  P  R  D  O  H  I  L  G  M  A  E  H  L  D
Ţ  N  O  E  D  Y  C  V  C  T  W  K  Y  D  I  O
I  T  T  S  R  O  N  A  T  U  R  Ă  Ţ  X  V  T
E  T  H  B  E  L  A  R  E  N  I  M  D  T  Y  E
X  C  P  O  P  G  K  G  O  R  G  A  N  I  S  M
```

ATOM	LABORATOR
OM DE ȘTIINȚĂ	METODĂ
CLIMAT	MINERALE
DATE	MOLECULE
EVOLUŢIE	NATURĂ
FAPT	OBSERVARE
FIZICĂ	ORGANISM
FOSIL	PARTICULE
GRAVITAŢIE	PLANTE
IPOTEZĂ	CHIMIC

88 - Comida #1

```
B N B A C G P H Ț L K G S Ț A F
U M Ă H X B M L C A I S Ă O R Z
S X N X U B E E A N D T H K Ă R
U J U S T U R O I P Ț K Z Y H X
I Ț Ș N R M Q J M Â T C O K A X
O R P I O A V D D B M E K J Z E
C G Ă Ț T C Y F T Z S Ă H N L W
N Ț C S K D R P E Ă T A L A S M
A R A H I D Ă S R T P J C P W O
H Z C Q C M A V L R A M U P D R
J J A X P H C P J M W C G F C C
Y P N O T L S X F N W O Z R Q O
C E A P Ă R A O Ș I Ț R O C S V
V R P M T P K E W A Z W Y N W X
W A S S U C U Z M S Q W Ț N T H
I S R Z F O V S J W C K Y K A D
```

ZAHĂR	SPANAC
USTUROI	LAPTE
ARAHIDĂ	LĂMÂIE
TON	BUSUIOC
TORT	CĂPȘUNĂ
SCORȚIȘOARĂ	NAP
CEAPĂ	SARE
MORCOV	SALATĂ
ORZ	SUPĂ
CAISĂ	SUC

89 - Geometria

```
M O R I Z O N T A L Ă Q E P C M
Ţ E Ţ X K V X L L F B J J V T A
X N D E P B P U L S R M Ţ Q S S
S U E I Ţ A U C E X U Z Ţ G M Ă
S I Y C A S R L W G C R E C I Q
E S M K N N X A D X V Ţ S A H U
G N H E O M Ă C L R R O H N G D
M E Q R T I U R T E M A I D N G
E M T C A R H J X M L L C O U Y
N I V Ţ Ţ K I Y Y I U N G H I G
T D R R Q C W E I Ţ R O P O R P
L O G I C Ă I B W L Y P M V T J
S U P R A F A Ţ Ă Ă U J X W B U
V E R T I C A L Z N G G Z R R M
X C S S B Q D T O Î A V P I K R
H F S G Ţ A U T E O R I E B T K
```

ÎNĂLŢIME	MASĂ
UNGHI	MEDIANĂ
CALCUL	PARALEL
CERC	PROPORŢIE
CURBĂ	SEGMENT
DIAMETRU	SIMETRIE
DIMENSIUNE	SUPRAFAŢĂ
ECUAŢIE	TEORIE
ORIZONTALĂ	TRIUNGHI
LOGICĂ	VERTICAL

90 - Pássaros

```
K V P A G X K P I A P A A K M L
M Y X K Â X F O E A E N I S B Z
M E F O S J T X S O L O V H H J
W C G Z C U C O G N I M A L F B
Ţ Q I X Ă Ă R A O I C U S Z R F
V Q Ţ P M O Â Ţ H N A U G I Ţ X
M V X W K A T P U I N A C U O T
B Ș U R Ă C S E P O E Q Q R Y X
X A P O R U M B E L I U P C Y Z
C G R L N I U G N I P F K J E F
E X Q Z U G S V Ţ L E B Ă D Ă A
E K L F Ă Ţ A R U J H G D E A D
U D Y X P G C G R L J U H U B D
V R A B I E Y D T Z T G A E A C
G X J E Y O J A S G L U I L M D
C R P A P A G A L K Y Z R O H T
```

STRUȚ	STÂRC
VULTUR	OU
BARZĂ	PAPAGAL
LEBĂDĂ	VRABIE
CIOARĂ	RAȚĂ
CUC	PĂUN
FLAMINGO	PELICAN
PUI	PINGUIN
PESCĂRUȘ	PORUMBEL
GÂSCĂ	TOUCAN

91 - Literatura

```
C  E  C  H  T  Q  U  M  E  T  A  F  O  R  Ă  R
W  Y  O  P  P  E  I  N  I  P  O  E  H  O  Z  O
D  Ţ  O  P  E  N  M  R  F  L  R  G  N  T  I  M
X  E  P  I  I  U  E  Ă  A  K  E  I  A  U  L  A
B  X  S  C  Ţ  I  O  H  R  Ă  H  E  Z  A  A  N
O  E  J  C  A  Ţ  P  A  G  T  A  Q  Z  X  N  V
R  K  Q  E  R  C  P  M  O  O  K  C  D  C  A  C
I  D  P  I  A  I  P  K  I  D  L  Q  Ţ  Z  N  Q
M  V  H  Z  P  F  E  E  B  C  I  A  D  U  L  I
Ă  A  T  U  M  T  I  R  Y  E  T  L  I  R  U  L
A  N  A  L  O  G  I  E  E  N  S  A  T  D  E  Q
Q  Ţ  I  C  C  O  P  A  X  A  G  Q  D  B  M  B
N  F  A  N  J  Q  Q  U  S  B  T  Ţ  W  B  U  F
A  F  M  O  Y  Z  K  T  R  A  G  E  D  I  E  X
U  H  L  C  S  E  N  A  R  A  T  O  R  Z  T  F
B  R  Y  E  N  F  U  C  C  I  H  D  P  X  P  L
```

ANALOGIE	FICŢIUNE
ANALIZĂ	METAFORĂ
ANECDOTĂ	NARATOR
AUTOR	OPINIE
BIOGRAFIE	POEM
COMPARAŢIE	RIMĂ
CONCLUZIE	RITM
DESCRIERE	ROMAN
DIALOG	TEMĂ
STIL	TRAGEDIE

92 - Química

```
I  X  B  Q  I  N  I  S  N  E  G  O  R  D  I  H
N  U  C  L  E  A  R  E  E  L  E  M  E  N  T  E
I  O  G  O  T  R  M  N  G  B  C  C  F  S  Q  N
L  B  I  R  A  U  K  Z  I  E  A  Q  E  O  P  D
A  C  K  G  T  T  I  I  X  Z  R  L  E  J  W  A
C  H  G  A  U  A  I  M  O  A  B  I  G  A  Z  C
L  C  C  N  E  R  B  Ă  Z  H  O  C  G  E  Z  I
A  R  X  I  R  E  C  L  S  D  N  H  V  J  G  D
J  E  U  C  G  P  Ă  U  A  A  O  I  H  G  O  D
E  Ţ  E  E  R  M  L  C  N  Y  R  D  M  Ţ  F  O
S  Ţ  P  W  V  E  D  E  R  L  T  E  A  Ţ  Ţ  Z
L  X  L  G  B  T  U  L  G  J  C  C  X  J  X  D
O  Ţ  X  J  L  Q  R  O  Ţ  K  E  I  L  K  X  O
A  D  P  E  M  B  Ă  M  E  G  L  F  O  O  D  P
U  O  A  B  S  F  T  I  Y  A  E  N  R  E  R  B
X  F  V  W  X  C  A  T  A  L  I  Z  A  T  O  R
```

ALCALIN	HIDROGEN
ACID	ION
CĂLDURĂ	LICHID
CARBON	MOLECULĂ
CATALIZATOR	NUCLEAR
CLOR	ORGANIC
ELEMENTE	OXIGEN
ELECTRON	GREUTATE
ENZIMĂ	SARE
GAZ	TEMPERATURA

93 - Clima

```
T S P G D P J O A M L W Z C T S
A O Q N T L M A Ț U U B Q U E E
M T R O N Ț C Q E S V M K R C C
I G M N Ț Q M Y H O G M Y C E E
L G H O A R S J P N G Q J U A T
C Ț C Z S D F U R T U N Ă B Ț Ă
A N E Ț Ț F Ă F U L G E R E Ă O
C D L U G G E V Â N T R X U F B
Ă Ț A E H G U R Y I F D N P W V
Z S C L M U S F Ă U R A G A N C
I O I Z A B C N V E N J C R P E
R Z P Ț Y D A A U L H K U M M R
B T O O J H T X Y H M L I R K F
G F R T L T U N E T O S N N C N
E L T R I A R U T A R E P M E T
Z S E L B H R I S X O X G D D Z
```

CURCUBEU
ATMOSFERĂ
BRIZĂ
CER
CLIMAT
URAGAN
GHEAȚĂ
MUSON
CEAȚĂ
NOR

POLAR
FULGER
SECETĂ
USCAT
TEMPERATURA
FURTUNĂ
TORNADĂ
TROPICALE
TUNET
VÂNT

94 - Diplomacia

```
A D I S C U Ț I E R D A C D C P
W M O L H E Ț W Ț E Y M O I O V
K O B T R A T A T Z Ă B O P N E
T E T A T I N U M O C A P L F T
D T U V S R P A X L I S E O L A
R A T I N A M U A U T A R M I T
E T C B E Y D I B Ț I D A A C I
I I E M U K F O M I L Ă R T T R
L R T I W Q E O R E O Ț E I A U
I G Ă L U E K X K C P L S C U C
S E Ț E T I C Ă D R E P T A T E
N T E A Q Ț Z Y O S C V Ț J F S
O N N P H U X S G U V E R N V X
C I I W P L L Y M F W M D A P L
R Q V S H O Y E Q L N V E Y C F
Ț O E F R S L I C N K O H M Z O
```

CETĂȚENI
COMUNITATE
CONFLICT
CONSILIER
COOPERARE
DIPLOMATIC
DISCUȚIE
AMBASADĂ
AMBASADOR
ETICĂ

GUVERN
UMANITAR
INTEGRITATE
DREPTATE
LIMBI
POLITICĂ
REZOLUȚIE
SECURITATE
SOLUȚIE
TRATAT

95 - Comida # 2

```
A  V  B  B  O  C  L  Q  O  B  C  H  X  C  Ş  E
N  Â  H  R  X  R  G  A  W  A  I  Ţ  M  I  U  O
G  N  C  Ţ  Â  P  R  H  B  N  R  X  T  O  N  C
H  Ă  F  Ţ  V  N  S  D  K  A  E  B  B  C  C  A
I  T  O  R  E  Z  Z  L  I  N  A  C  X  O  Ă  Q
N  Ă  N  Ă  P  R  J  Ă  W  Ă  Ş  A  R  L  L  H
A  D  A  M  A  A  S  L  I  H  Ă  R  O  A  A  D
R  Ţ  E  R  Ţ  K  P  S  I  K  Ţ  Q  Ş  T  D  L
E  F  T  C  I  U  P  E  R  C  Ă  B  I  Ă  G  N
T  Z  Ş  R  P  N  U  Q  U  T  N  R  E  Z  I  L
K  Y  E  X  U  Ţ  N  T  G  A  F  O  G  O  M  Z
C  V  P  H  I  A  B  Z  U  I  D  C  D  U  R  D
G  Q  N  S  G  N  I  Z  R  L  O  C  S  S  B  Y
W  R  J  I  C  W  U  Ţ  T  E  L  O  C  W  M  Q
Q  F  Â  Z  H  B  Ţ  P  S  M  U  L  Ţ  D  R  Q
X  N  T  U  X  C  M  R  G  H  T  I  L  T  S  A
```

ANGHINARE	IAURT
MIGDALĂ	KIWI
OREZ	MĂR
BANANĂ	OU
VÂNĂTĂ	PEŞTE
BROCCOLI	ŞUNCĂ
CIREAŞĂ	BRÂNZĂ
CIOCOLATĂ	ROŞIE
CIUPERCĂ	GRÂU
PUI	STRUGURI

96 - Universo

```
G  P  M  F  L  A  S  Ț  R  E  R  C  G  A  V  X
U  L  O  Q  U  P  T  R  T  S  P  R  A  L  O  S
Ț  C  N  G  N  T  G  M  N  X  M  Q  L  I  W  L
H  Q  O  O  A  L  Ț  F  O  C  C  T  A  B  K  P
C  E  R  Ă  V  Z  P  Z  Z  S  M  U  X  I  E  Y
A  S  T  R  O  N  O  M  I  E  F  V  I  Z  N  Y
Z  F  S  E  C  E  P  Y  R  R  S  E  E  I  I  S
O  M  A  F  A  W  C  V  O  E  G  X  R  V  D  B
D  D  M  S  X  S  P  U  T  C  L  I  J  Ă  U  K
I  K  V  I  S  E  T  I  A  I  O  R  B  I  T  Ă
A  C  I  M  S  O  C  E  X  T  B  Ț  Q  K  I  T
C  T  N  E  J  J  T  T  R  I  O  L  F  Ț  T  X
T  E  L  E  S  C  O  P  I  O  B  R  F  S  A  S
U  I  H  F  E  N  I  D  U  T  I  G  N  O  L  L
S  O  L  S  T  I  Ț  I  U  K  X  D  K  X  L  R
R  S  G  N  R  Y  O  G  K  M  X  W  J  A  Q  M
```

ASTEROID	ORIZONT
ASTRONOMIE	LATITUDINE
ASTRONOM	LONGITUDINE
ATMOSFERĂ	LUNA
CERESC	ORBITĂ
CER	SOLAR
COSMIC	SOLSTIȚIU
ECUATOR	TELESCOP
GALAXIE	VIZIBIL
EMISFERĂ	ZODIAC

97 - Jazz

```
D E O T F Ă C I Z U M I L C B C
L I H A R L A E W X Z X C O Ţ Â
M Ţ W A O I N Ţ L Y Y S O N C N
S A I P T T A I E V Ţ F C O T
Ţ Z G Q I S S M K N B F N E M E
D I O G Z T A L E N T R M R P C
E V A V O E G Ţ N T H O U T O Z
T O B E P Q K E T O X R B S Z P
I R V O M T S G N X Ţ C L I I Ţ
R P I T O Ţ U I E R G H A T Ţ F
O M N W C R M D C S U E P R I P
V I N T E H N I C Ă Q S Q A E G
A H O U Q X P L A F N T G E V Q
F C U Z Z S K C G D E R F D C L
Q E E S H F V Y M U H Ă S U E N
O V Y D T A S I A F S W L G K Y
```

ARTIST
ALBUM
TOBE
CÂNTEC
COMPOZIŢIE
COMPOZITOR
CONCERT
STIL
ACCENT
CELEBRU

FAVORITE
GEN
IMPROVIZAŢIE
MUZICĂ
NOU
ORCHESTRĂ
RITM
TALENT
TEHNICĂ
VECHI

98 - Barcos

```
R  A  K  Z  L  V  C  S  X  V  Ţ  R  V  N  L  H
E  N  I  R  P  J  A  P  I  H  C  E  Z  Z  Ţ  G
M  C  I  A  H  T  N  F  D  I  F  A  V  E  Z  L
O  O  D  N  I  X  O  G  R  K  H  O  A  W  G  Ţ
T  R  E  P  P  S  E  E  Â  Â  A  P  X  J  R  G
O  Ă  S  L  L  O  L  A  N  B  N  O  C  E  A  N
R  T  B  U  Â  R  X  M  I  A  D  G  L  K  T  I
G  K  A  T  J  D  P  A  R  Q  Y  E  H  Ţ  A  Ţ
R  J  C  Ă  G  N  Y  N  A  S  O  Ţ  U  I  C  Y
Q  S  H  O  Z  T  A  D  M  Y  B  C  W  R  E  M
K  C  G  W  D  T  Ţ  U  M  A  R  E  E  U  J  A
B  Y  A  M  T  D  J  R  F  D  T  C  M  L  N  R
Y  O  V  I  C  X  Ă  W  B  J  Y  G  A  L  E
M  T  V  V  A  N  A  U  T  I  C  Ţ  W  V  A  C
O  M  U  N  Y  C  X  B  N  R  R  H  G  L  C  A
H  S  Y  D  Y  Z  P  E  I  M  W  Y  D  W  W  P
```

ANCORĂ
BAC
GEAMANDURĂ
CAIAC
CANOE
FRÂNGHIE
DOCK
IAHT
PLUTĂ
LAC

MARE
MAREE
MARINAR
CATARG
MOTOR
NAUTIC
OCEAN
VALURI
RÂU
ECHIPAJ

99 - Mamíferos

```
B  M  G  P  J  Ţ  Ţ  E  J  Q  K  K  L  T  O  V
W  Ă  L  I  M  Ă  C  O  I  O  T  B  I  V  V  N
N  L  U  S  Ă  Ţ  U  M  I  A  M  I  J  M  Y  Z
W  I  E  I  F  B  E  C  W  O  O  E  R  E  G  L
G  R  S  C  A  P  L  E  O  U  A  P  J  V  H  T
J  O  T  Ă  R  O  T  S  A  C  D  U  T  I  U  C
F  G  E  N  I  F  I  F  V  K  Ă  R  B  E  Z  N
N  Ţ  Q  E  G  A  F  R  Y  E  R  E  P  B  K  W
X  Ţ  R  L  A  C  A  L  U  L  T  E  W  Y  V  N
S  I  C  A  K  E  H  T  P  E  M  I  V  L  I  I
C  Z  A  B  Z  Z  V  U  M  F  V  R  U  N  Y  Y
F  Â  L  C  B  J  D  E  T  A  R  U  G  N  A  C
K  I  I  Ţ  R  Ţ  F  D  C  N  Y  A  L  H  F  S
L  U  P  N  I  F  L  E  D  T  Z  T  M  P  R  Q
K  K  F  R  E  C  J  O  X  A  F  P  M  V  E  V
J  Y  A  A  M  S  P  Z  Y  A  P  T  L  D  Z  H
```

BALENĂ	GIRAFĂ
CĂMILĂ	DELFIN
CANGUR	GORILĂ
CASTOR	LEU
CAL	LUP
CÂINE	MAIMUŢĂ
IEPURE	OAIE
COIOT	VULPE
ELEFANT	TAUR
PISICĂ	ZEBRĂ

100 - Atividades e Lazer

```
D  G  G  L  S  B  F  C  M  E  X  Y  R  T  V  E
R  B  O  H  L  X  O  B  U  X  B  U  E  D  O  P
Ţ  F  A  L  R  V  T  M  B  R  S  P  L  R  L  Ţ
A  R  T  Ă  F  P  B  S  A  G  S  W  A  U  E  K
R  N  B  Ţ  K  V  A  G  S  U  Q  E  X  M  I  O
U  S  Q  A  H  R  L  N  C  N  T  I  A  E  E  S
T  N  X  N  S  Ţ  X  I  H  Q  G  R  N  Ţ  D  Q
C  Î  N  O  T  E  U  P  E  P  V  O  T  I  W  N
I  D  N  X  E  S  B  M  T  D  G  T  K  I  F  O
P  E  S  F  G  U  P  A  X  E  A  Ă  Ţ  I  P  X
O  S  V  D  E  R  E  C  L  Q  W  L  U  Q  X  I
X  L  E  D  D  F  S  L  T  L  L  Ă  Ţ  L  B  V
T  G  T  O  O  I  C  M  Q  O  I  C  K  E  X  W
V  I  R  Ă  D  N  U  F  U  C  S  P  A  S  R  D
T  E  N  I  S  G  I  Z  Y  C  X  T  V  N  Z  R
X  S  U  V  Q  N  T  I  R  Ă  N  I  D  Ă  R  G
```

CAMPING	SCUFUNDĂRI
ARTĂ	ÎNOT
BASCHET	PESCUIT
BASEBALL	PICTURA
BOX	RELAXANT
DRUMEŢII	SURFING
CURSE	TENIS
FOTBAL	CĂLĂTORIE
GOLF	VOLEI
GRĂDINĂRIT	

1 - Dirigindo

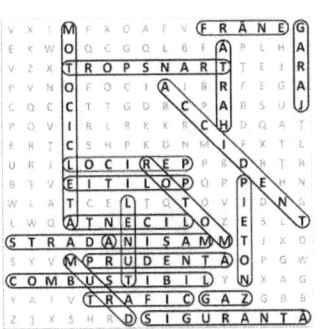

2 - Antiguidades

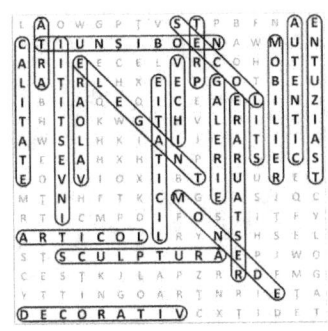

3 - Churrascos

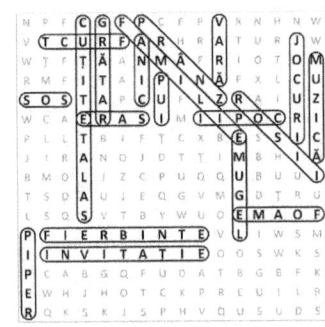

4 - Pesca

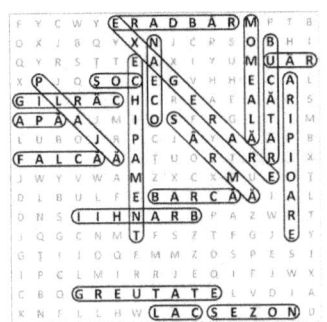

5 - Geologia

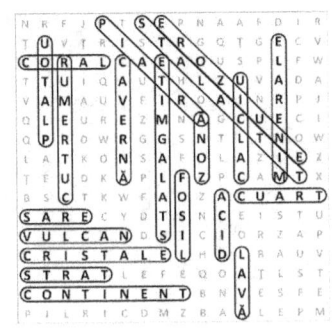

6 - Ética

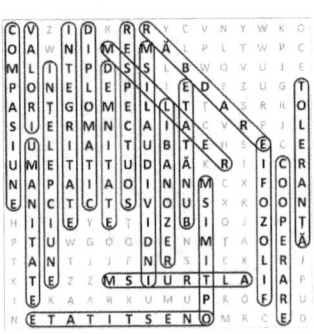

7 - Tempo

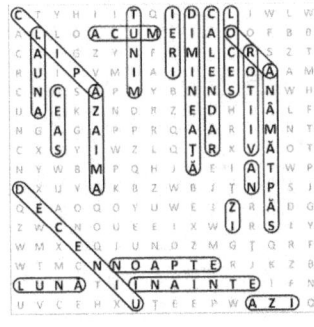

8 - Astronomia

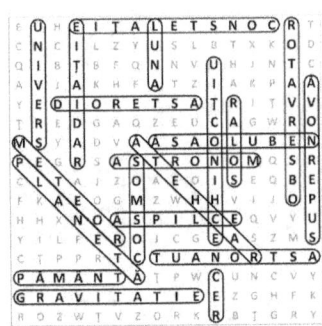

9 - Acampamento

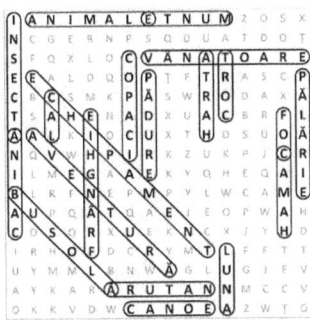

10 - Emoções

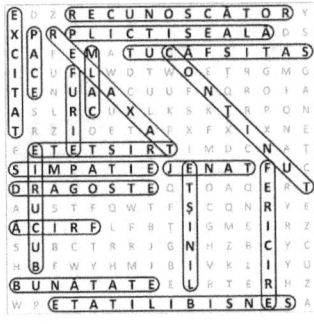

11 - Ficção Científica

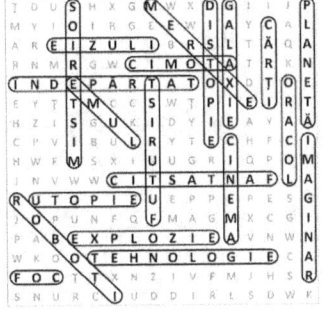

12 - Mitologia

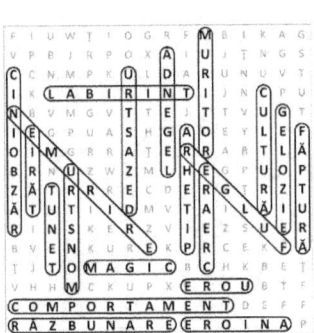

13 - Medições

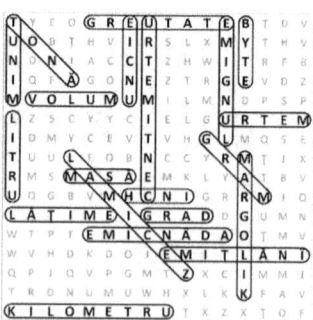

14 - Álgebra

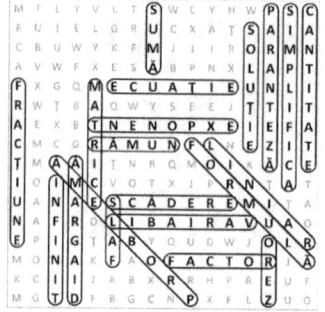

15 - Plantas

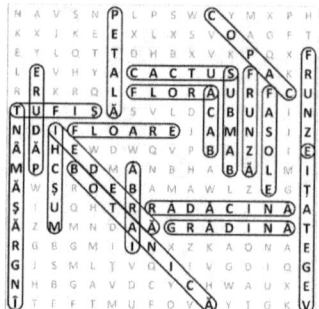

16 - Veículos

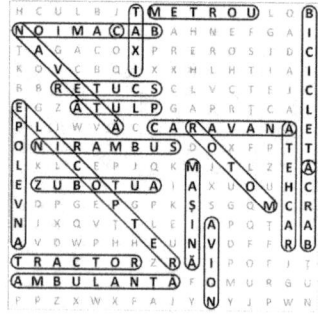

17 - Engenharia

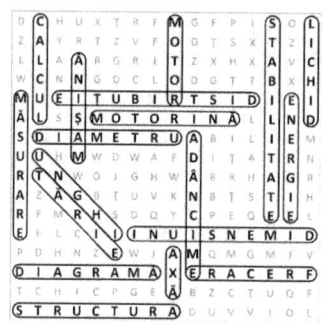

18 - Restaurante # 2

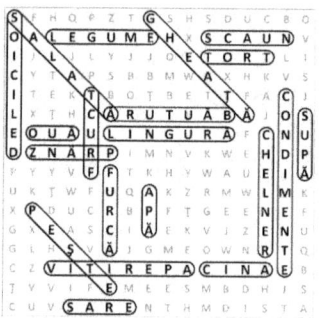

19 - Países #2

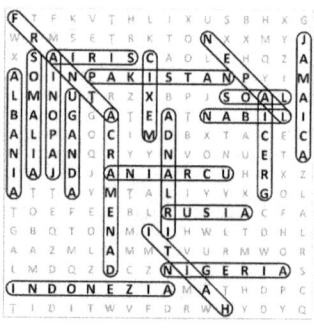

20 - Cozinha

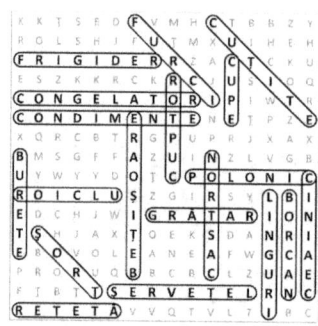

21 - Material de Arte

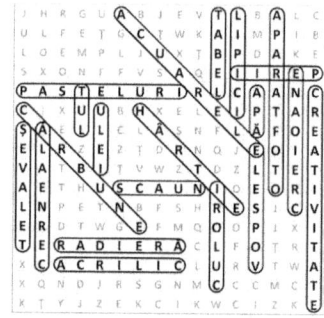

22 - Números

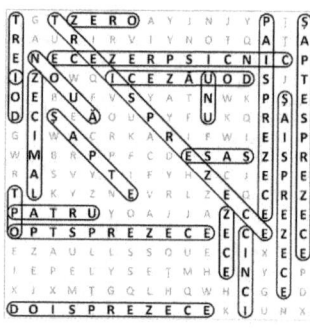

23 - Física

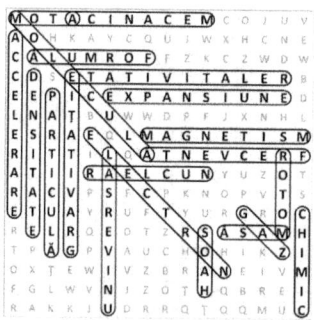

24 - Especiarias

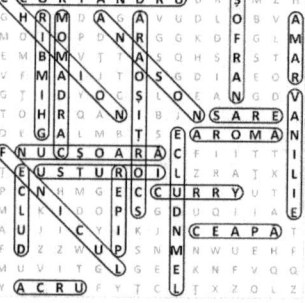

25 - Países #1

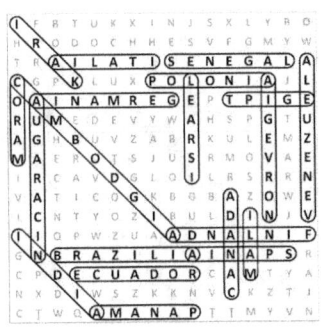

26 - A Mídia

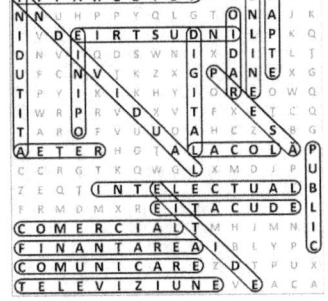

27 - Casa

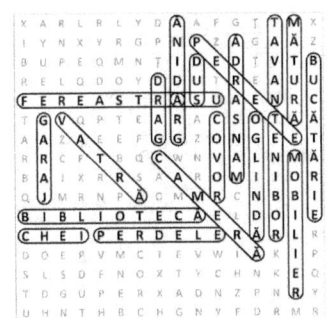

28 - Vegetais

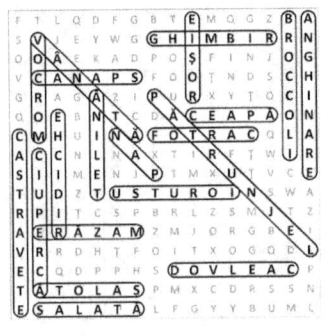

29 - Balé

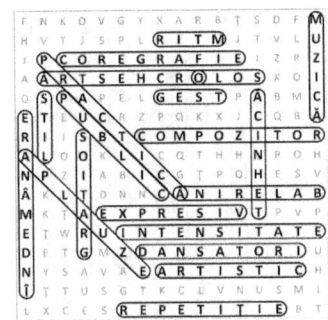

30 - Adjetivos #1

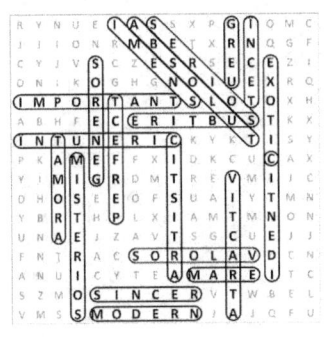

31 - Psicologia

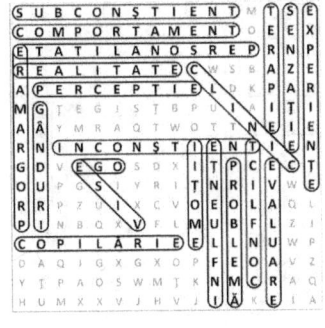

32 - Paisagens

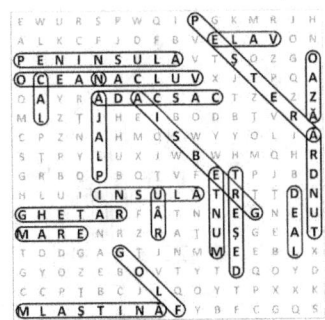

33 - Dança

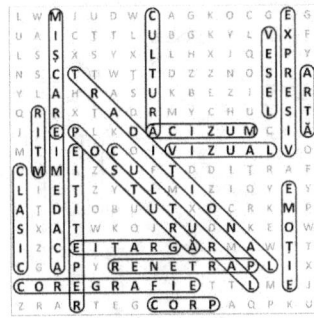

34 - Nutrição

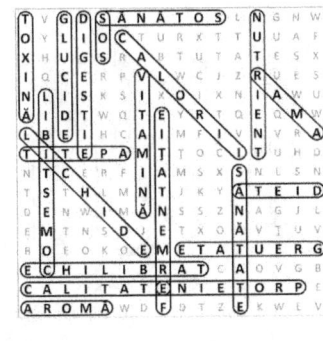

35 - Energia

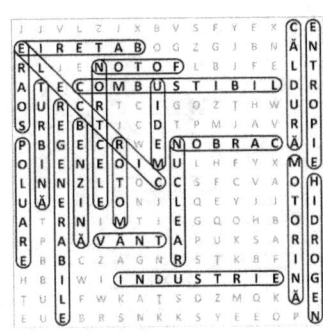

36 - Disciplinas Científicas

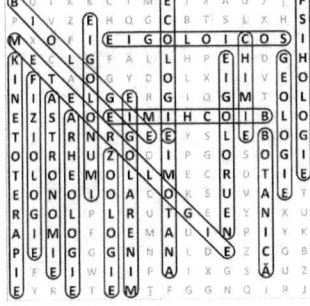

37 - Meditação

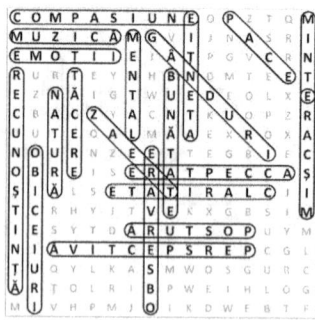

38 - Artes Visuais

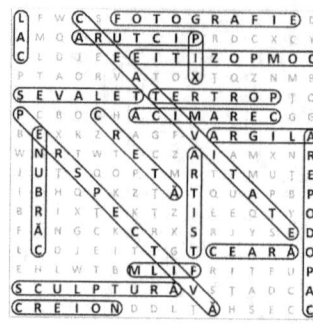

39 - Moda

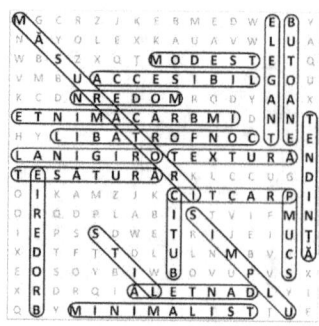

40 - Instrumentos Musicais

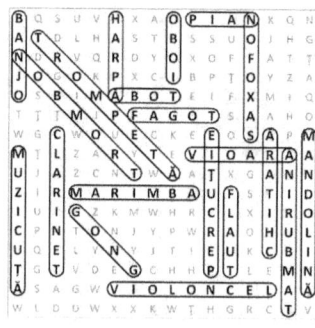

41 - Adjetivos #2

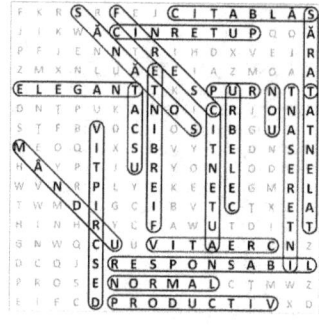

42 - Roupas

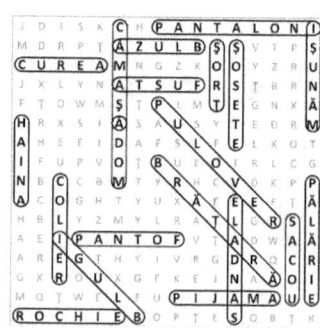

43 - Herbalismo

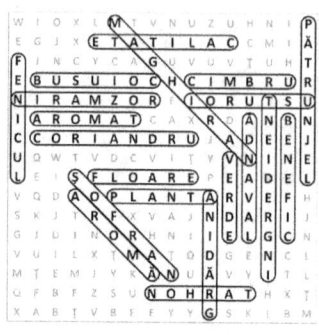

44 - Arqueologia

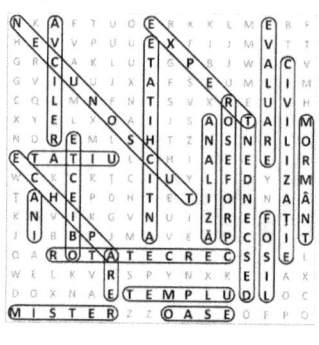

45 - Agronomia

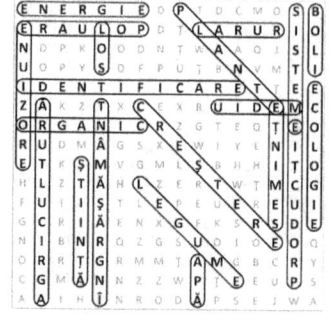

46 - Frutas

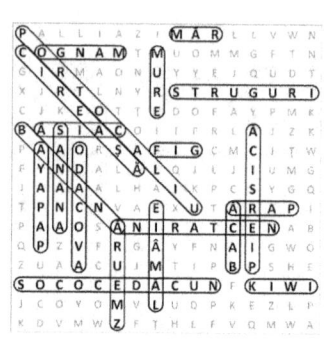

47 - Corpo Humano

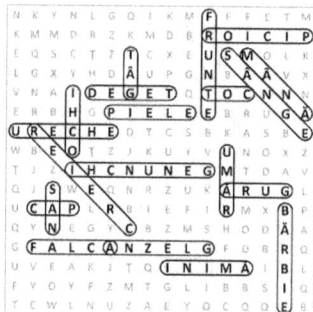

48 - Caminhada

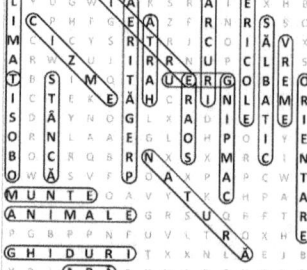

49 - Biologia

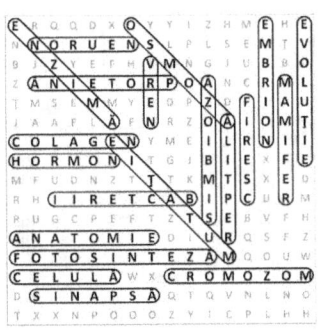

50 - Beleza

51 - Filantropia

52 - Ecologia

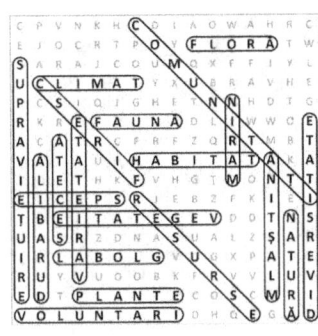

53 - Família

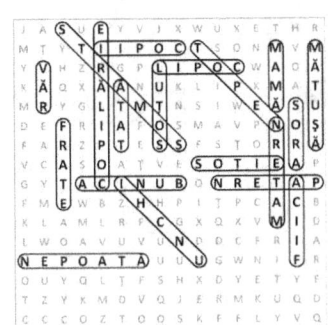

54 - Férias #2

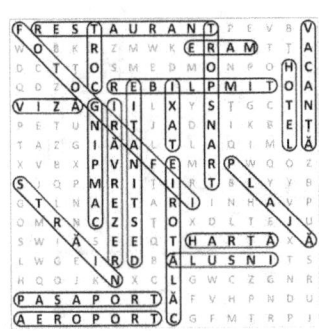

55 - Edifícios

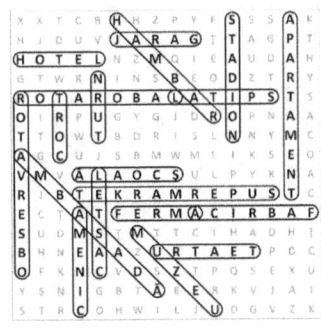

56 - Aventura

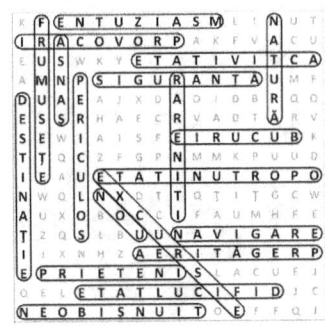

57 - Floresta Tropical

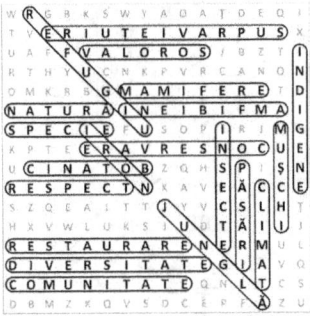

58 - Cidade

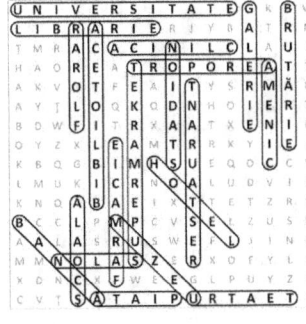

59 - Música

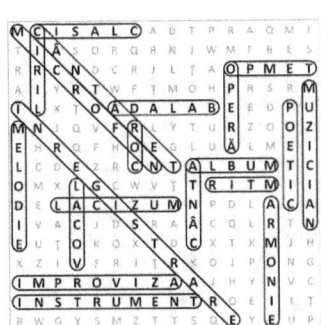

60 - Matemática

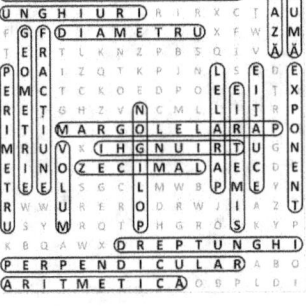

61 - Saúde e Bem Estar #1

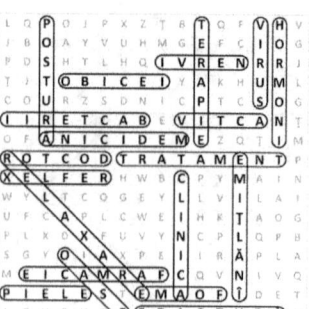

62 - Imigração

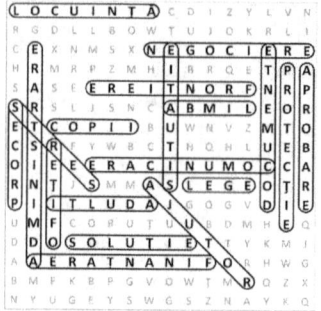

63 - Natureza

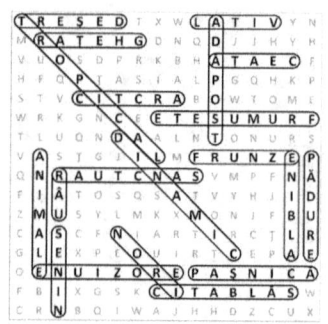

64 - A Empresa

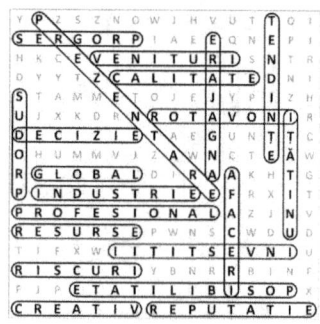

65 - Doença

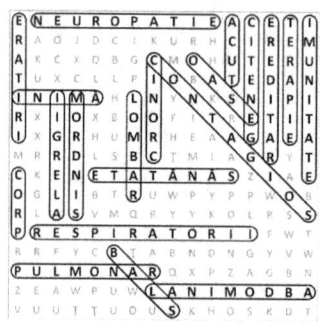

66 - Aquecimento Global

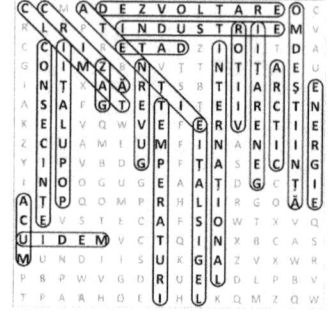

67 - Aviões

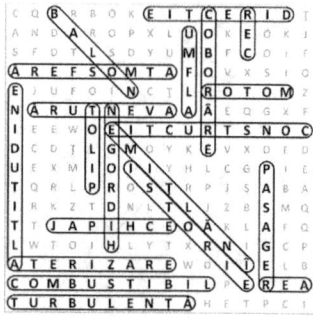

68 - Tipos de Cabelo

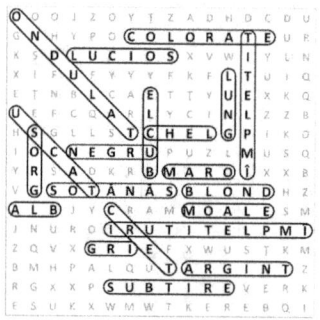

69 - Formas

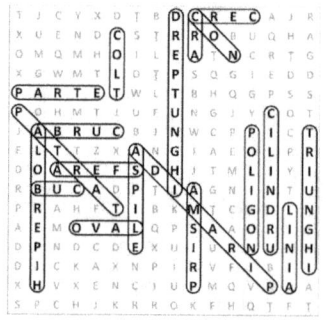

70 - Criatividade

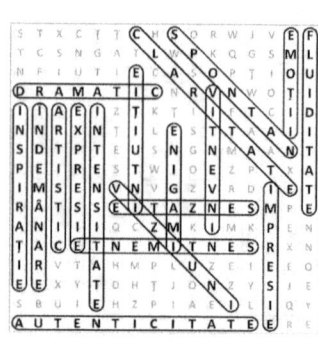

71 - Dias e Meses

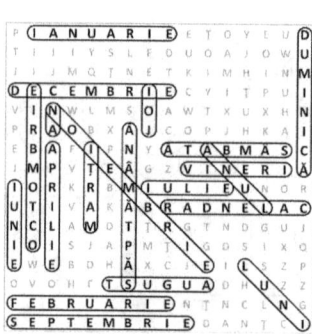

72 - Saúde e Bem Estar #2

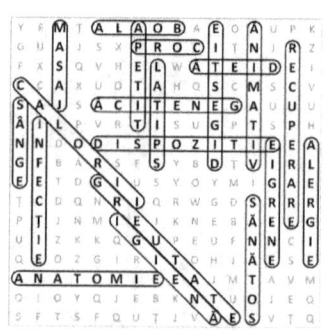

73 - Geografia

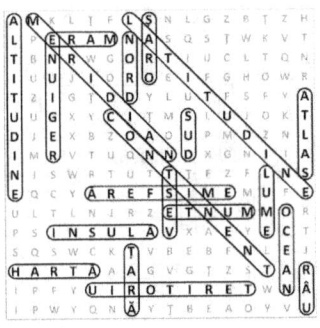

74 - Antártica

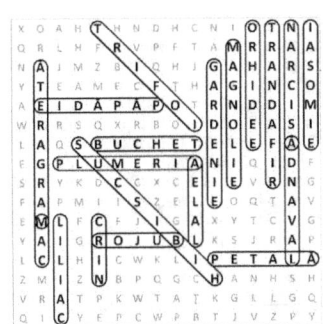

75 - Flores

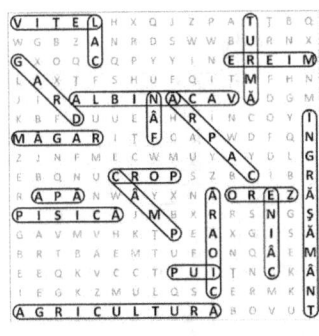

76 - Fazenda #1

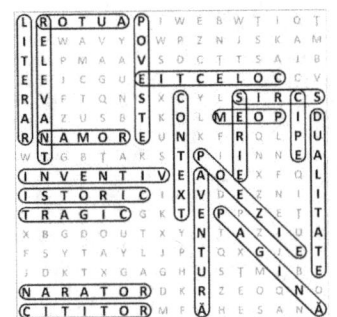

77 - Livros

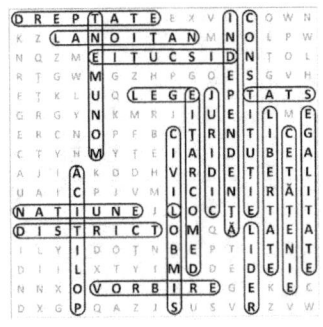

78 - Governo

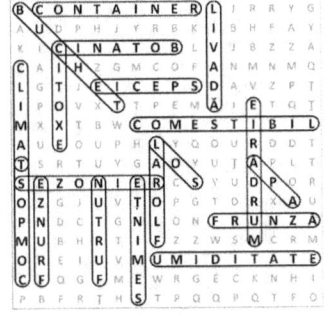

79 - Jardinagem

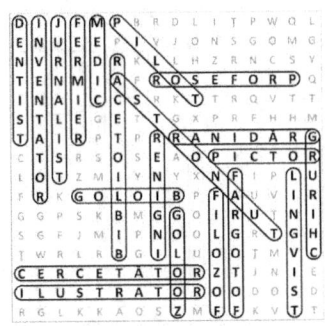

80 - Profissões #2

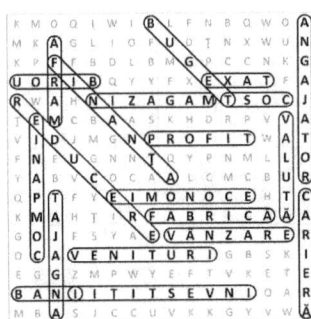

81 - Negócios

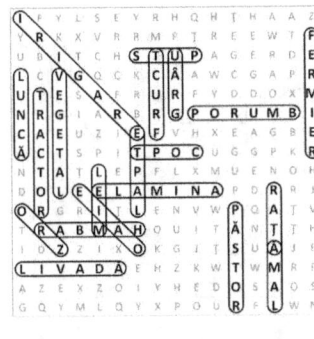

82 - Fazenda #2

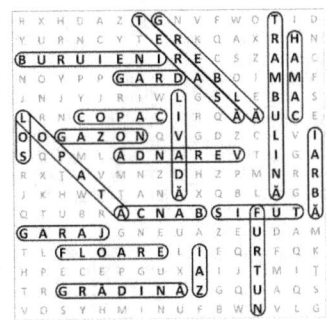

83 - Jardim

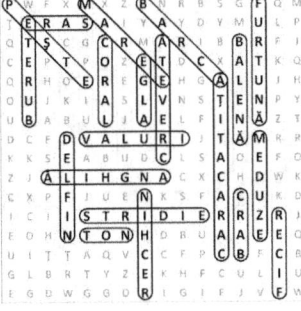

84 - Oceano

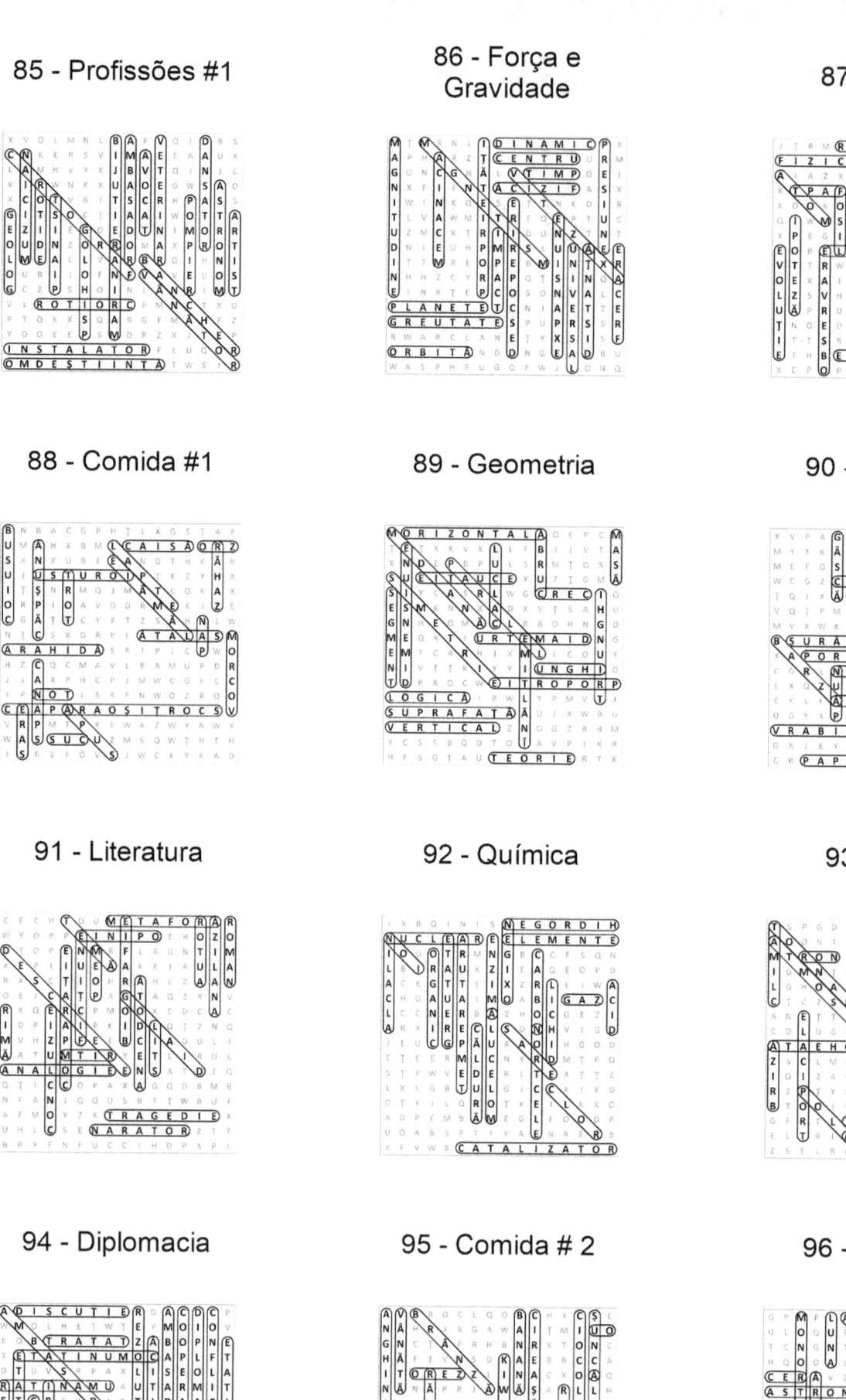

85 - Profissões #1

86 - Força e Gravidade

87 - Ciência

88 - Comida #1

89 - Geometria

90 - Pássaros

91 - Literatura

92 - Química

93 - Clima

94 - Diplomacia

95 - Comida # 2

96 - Universo

97 - Jazz

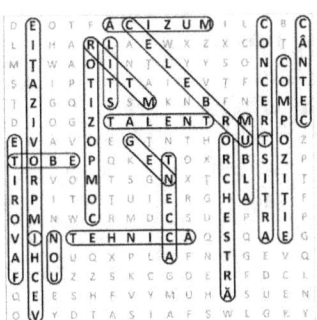

98 - Barcos

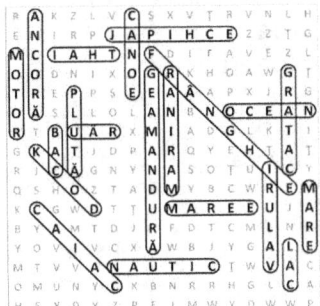

99 - Mamíferos

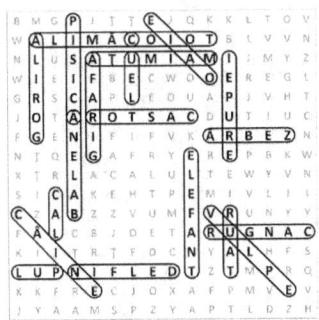

100 - Atividades e Lazer

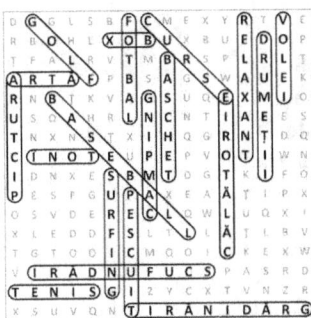

Dicionário

A Empresa
Compania

Apresentação	Prezentare
Criativo	Creativ
Decisão	Decizie
Emprego	Angajare
Global	Global
Indústria	Industrie
Inovador	Inovator
Investimento	Investiții
Negócio	Afaceri
Possibilidade	Posibilitate
Produto	Produs
Profissional	Profesional
Progresso	Progres
Qualidade	Calitate
Receita	Venituri
Recursos	Resurse
Reputação	Reputatie
Riscos	Riscuri
Tendências	Tendințe
Unidades	Unități

A Mídia
Mass-Media

Atitudes	Atitudini
Comercial	Comercial
Comunicação	Comunicare
Digital	Digital
Edição	Ediție
Educação	Educație
Fatos	Fapte
Financiamento	Finanțarea
Fotos	Fotografii
Individual	Individual
Indústria	Industrie
Intelectual	Intelectual
Jornais	Presă
Local	Local
Online	Online
Opinião	Opinie
Público	Public
Rádio	Radio
Rede	Rețea
Televisão	Televiziune

Acampamento
Camping

Animais	Animale
Aventura	Aventură
Árvores	Copaci
Bússola	Busolă
Cabine	Cabină
Caça	Vânătoare
Canoa	Canoe
Chapéu	Pălărie
Corda	Frânghie
Equipamento	Echipament
Floresta	Pădure
Fogo	Foc
Inseto	Insectă
Lago	Lac
Lua	Luna
Maca	Hamac
Mapa	Hartă
Montanha	Munte
Natureza	Natură
Tenda	Cort

Adjetivos #1
Adjective #1

Absoluto	Absolut
Aromático	Aromat
Artístico	Artistic
Atraente	Atractiv
Enorme	Imens
Escuro	Întuneric
Exótico	Exotic
Fino	Subțire
Generoso	Generos
Grande	Mare
Honesto	Sincer
Idêntico	Identic
Importante	Important
Lento	Încet
Misterioso	Misterios
Moderno	Modern
Perfeito	Perfect
Pesado	Greu
Sério	Serios
Valioso	Valoros

Adjetivos #2
Adjective #2

Autêntico	Autentic
Criativo	Creativ
Descritivo	Descriptiv
Dotado	Talentat
Elegante	Elegant
Famoso	Celebru
Forte	Puternic
Interessante	Interesant
Natural	Firesc
Normal	Normal
Novo	Nou
Orgulhoso	Mândru
Produtivo	Productiv
Puro	Pur
Quente	Fierbinte
Responsável	Responsabil
Salgado	Sărat
Saudável	Sănătos
Seco	Uscat
Selvagem	Sălbatic

Agronomia
Agronomie

Agricultura	Agricultură
Ambiente	Mediu
Água	Apă
Ciência	Știință
Crescimento	Creștere
Doenças	Boli
Ecologia	Ecologie
Energia	Energie
Erosão	Eroziune
Fertilizante	Îngrășământ
Identificação	Identificare
Legumes	Legume
Orgânico	Organic
Plantas	Plante
Poluição	Poluare
Produção	Producție
Rural	Rural
Sementes	Semințe
Sistemas	Sisteme
Solo	Sol

Antártica
Antarctica

Ambiente	Mediu
Água	Apă
Baía	Golf
Científico	Ştiinţific
Conservação	Conservare
Continente	Continent
Enseada	Cove
Expedição	Expediţie
Geleiras	Gheţari
Gelo	Gheaţă
Geografia	Geografie
Ilhas	Insule
Investigador	Cercetător
Migração	Migraţie
Minerais	Minerale
Península	Peninsulă
Pinguins	Pinguini
Rochoso	Stâncos
Temperatura	Temperatura
Topografia	Topografie

Antiguidades
Antichităţi

Arte	Artă
Autêntico	Autentic
Decorativo	Decorativ
Elegante	Elegant
Entusiasta	Entuziast
Escultura	Sculptură
Estilo	Stil
Galeria	Galerie
Incomum	Neobişnuit
Investimento	Investiţii
Item	Articol
Leilão	Licitaţie
Mobiliário	Mobilier
Moedas	Monede
Preço	Preţ
Qualidade	Calitate
Restauração	Restaurare
Século	Secol
Valor	Valoare
Velho	Vechi

Aquecimento Global
Încălzirea Globală

Agora	Acum
Ambiental	Mediu
Atenção	Atenţie
Ártico	Arctic
Cientista	Om de Ştiinţă
Clima	Climat
Consequências	Consecinţe
Crise	Criză
Dados	Date
Desenvolvimento	Dezvoltare
Energia	Energie
Futuro	Viitor
Gás	Gaz
Gerações	Generaţii
Governo	Guvern
Indústria	Industrie
Internacional	Internaţional
Legislação	Legislaţie
Populações	Populaţii
Temperaturas	Temperaturi

Arqueologia
Arheologie

Análise	Analiză
Anos	Ani
Antiguidade	Antichitate
Avaliação	Evaluare
Civilização	Civilizaţie
Descendente	Descendent
Desconhecido	Necunoscut
Equipe	Echipă
Era	Eră
Especialista	Expert
Esquecido	Uitat
Fóssil	Fosil
Investigador	Cercetător
Mistério	Mister
Objetos	Obiecte
Ossos	Oase
Professor	Profesor
Relíquia	Relicvă
Templo	Templu
Túmulo	Mormânt

Artes Visuais
Arte Vizuale

Argila	Argilă
Arquitetura	Arhitectură
Artista	Artist
Caneta	Pix
Carvão	Cărbune
Cavalete	Şevalet
Cera	Ceară
Cerâmica	Ceramică
Composição	Compoziţie
Criatividade	Creativitate
Escultura	Sculptură
Filme	Film
Fotografia	Fotografie
Giz	Cretă
Lápis	Creion
Obra-Prima	Capodoperă
Perspectiva	Perspectivă
Pintura	Pictura
Retrato	Portret
Verniz	Lac

Astronomia
Astronomie

Asteróide	Asteroid
Astronauta	Astronaut
Astrônomo	Astronom
Céu	Cer
Constelação	Constelaţie
Cosmos	Cosmos
Eclipse	Eclipsă
Equinócio	Echinocţiu
Foguete	Rachetă
Gravidade	Gravitaţie
Lua	Luna
Meteoro	Meteor
Nebulosa	Nebuloasă
Observatório	Observator
Planeta	Planetă
Radiação	Radiaţie
Solar	Solar
Supernova	Supernovă
Terra	Pământ
Universo	Univers

Atividades e Lazer
Activități și Timp Liber

Acampamento	Camping
Arte	Artă
Basquete	Baschet
Beisebol	Baseball
Boxe	Box
Caminhada	Drumeții
Corrida	Curse
Futebol	Fotbal
Golfe	Golf
Jardinagem	Grădinărit
Mergulho	Scufundări
Natação	Înot
Pesca	Pescuit
Pintura	Pictura
Relaxante	Relaxant
Surfe	Surfing
Tênis	Tenis
Viagem	Călătorie
Voleibol	Volei

Aventura
Aventuri

Alegria	Bucurie
Amigos	Prieteni
Atividade	Activitate
Beleza	Frumusețe
Chance	Șansă
Desafios	Provocări
Destino	Destinație
Dificuldade	Dificultate
Entusiasmo	Entuziasm
Excursão	Excursie
Incomum	Neobișnuit
Itinerário	Itinerar
Natureza	Natură
Navegação	Navigare
Novo	Nou
Oportunidade	Oportunitate
Perigoso	Periculos
Preparação	Pregătirea
Segurança	Siguranță
Surpreendente	Surprinzător

Aviões
Avioane

Altitude	Altitudine
Altura	Înălțime
Ar	Aer
Aterrissagem	Aterizare
Atmosfera	Atmosferă
Aventura	Aventură
Balão	Balon
Céu	Cer
Combustível	Combustibil
Construção	Construcție
Descida	Coborâre
Direção	Direcție
Hidrogênio	Hidrogen
História	Istorie
Inflar	Umfla
Motor	Motor
Passageiro	Pasager
Piloto	Pilot
Tripulação	Echipaj
Turbulência	Turbulență

Álgebra
Algebră

Diagrama	Diagramă
Equação	Ecuație
Expoente	Exponent
Falso	Fals
Fator	Factor
Fórmula	Formulă
Fração	Fracțiune
Infinito	Infinit
Linear	Liniar
Matriz	Matrice
Número	Număr
Parêntese	Paranteză
Problema	Problemă
Quantidade	Cantitate
Simplificar	Simplifica
Solução	Soluție
Soma	Sumă
Subtração	Scădere
Variável	Variabil
Zero	Zero

Balé
Balet

Aplauso	Aplauze
Artístico	Artistic
Bailarina	Balerină
Compositor	Compozitor
Coreografia	Coregrafie
Dançarinos	Dansatori
Ensaio	Repetiție
Estilo	Stil
Expressivo	Expresiv
Gesto	Gest
Gracioso	Grațios
Habilidade	Îndemânare
Intensidade	Intensitate
Música	Muzică
Orquestra	Orchestră
Prática	Practică
Público	Public
Ritmo	Ritm
Solo	Solo
Técnica	Tehnică

Barcos
Barci

Âncora	Ancoră
Balsa	Bac
Bóia	Geamandură
Caiaque	Caiac
Canoa	Canoe
Corda	Frânghie
Doca	Dock
Iate	Iaht
Jangada	Plută
Lago	Lac
Mar	Mare
Maré	Maree
Marinheiro	Marinar
Mastro	Catarg
Motor	Motor
Náutico	Nautic
Oceano	Ocean
Ondas	Valuri
Rio	Râu
Tripulação	Echipaj

Beleza
Frumusețe

Batom	Ruj		
Cachos	Bucle		
Charme	Farmec		
Cor	Culoare		
Cosméticos	Cosmetice		
Elegante	Elegant		
Elegância	Eleganță		
Espelho	Oglindă		
Estilista	Stilist		
Fotogênico	Fotogenic		
Fragrância	Parfum		
Graça	Grație		
Maquiagem	Machiaj		
Óleos	Uleiuri		
Pele	Piele		
Produtos	Produse		
Rímel	Rimel		
Serviços	Servicii		
Tesoura	Foarfece		
Xampu	Șampon		

Biologia
Biologie

Anatomia	Anatomie
Bactérias	Bacterii
Célula	Celulă
Colagénio	Colagen
Cromossoma	Cromozom
Embrião	Embrion
Enzima	Enzimă
Evolução	Evoluție
Fotossíntese	Fotosinteză
Hormona	Hormon
Mamífero	Mamifer
Mutação	Mutație
Natural	Firesc
Nervo	Nerv
Neurônio	Neuron
Osmose	Osmoză
Proteína	Proteină
Réptil	Reptilă
Simbiose	Simbioză
Sinapse	Sinapsă

Caminhada
Drumeții

Acampamento	Camping
Animais	Animale
Água	Apă
Botas	Cizme
Cansado	Obosit
Clima	Climat
Guias	Ghiduri
Mapa	Hartă
Montanha	Munte
Natureza	Natură
Orientação	Orientare
Parques	Parcuri
Pedras	Pietre
Penhasco	Stâncă
Perigos	Pericole
Pesado	Greu
Preparação	Pregătirea
Selvagem	Sălbatic
Sol	Soare
Tempo	Vreme

Casa
Casa

Biblioteca	Bibliotecă
Cerca	Gard
Chaves	Chei
Chuveiro	Duș
Cortinas	Perdele
Cozinha	Bucătărie
Espelho	Oglindă
Garagem	Garaj
Janela	Fereastră
Jardim	Grădină
Lareira	Vatră
Mobiliário	Mobilier
Parede	Perete
Porta	Ușă
Quarto	Cameră
Sótão	Mansardă
Tapete	Covor
Teto	Tavan
Torneira	Robinet
Vassoura	Mătură

Churrascos
Grătare

Almoço	Prânz
Convite	Invitație
Crianças	Copii
Facas	Cuțite
Família	Familie
Fome	Foame
Frango	Pui
Fruta	Fruct
Grelha	Grătar
Jantar	Cina
Jogos	Jocuri
Legumes	Legume
Molho	Sos
Música	Muzică
Pimenta	Piper
Quente	Fierbinte
Sal	Sare
Saladas	Salate
Tomates	Rosii
Verão	Vară

Cidade
Oraș

Aeroporto	Aeroport
Banco	Bancă
Biblioteca	Bibliotecă
Cinema	Cinema
Clínica	Clinica
Escola	Școală
Estádio	Stadion
Farmácia	Farmacie
Florista	Florar
Galeria	Galerie
Hotel	Hotel
Livraria	Librărie
Mercado	Piață
Museu	Muzeu
Padaria	Brutărie
Restaurante	Restaurant
Salão	Salon
Supermercado	Supermarket
Teatro	Teatru
Universidade	Universitate

Ciência
Știință

Átomo	Atom
Cientista	Om de Știință
Clima	Climat
Dados	Date
Evolução	Evoluție
Fato	Fapt
Física	Fizică
Fóssil	Fosil
Gravidade	Gravitație
Hipótese	Ipoteză
Laboratório	Laborator
Método	Metodă
Minerais	Minerale
Moléculas	Molecule
Natureza	Natură
Observação	Observare
Organismo	Organism
Partículas	Particule
Plantas	Plante
Químico	Chimic

Clima
Vremea

Arco-Íris	Curcubeu
Atmosfera	Atmosferă
Brisa	Briză
Céu	Cer
Clima	Climat
Furacão	Uragan
Gelo	Gheață
Monção	Muson
Nevoeiro	Ceață
Nuvem	Nor
Polar	Polar
Relâmpago	Fulger
Seca	Secetă
Seco	Uscat
Temperatura	Temperatura
Tempestade	Furtună
Tornado	Tornadă
Tropical	Tropicale
Trovão	Tunet
Vento	Vânt

Comida # 2
Alimente #2

Alcachofra	Anghinare
Amêndoa	Migdală
Arroz	Orez
Banana	Banană
Beringela	Vânătă
Brócolis	Broccoli
Cereja	Cireașă
Chocolate	Ciocolată
Cogumelo	Ciupercă
Frango	Pui
Iogurte	Iaurt
Kiwi	Kiwi
Maçã	Măr
Ovo	Ou
Peixe	Peşte
Presunto	Șuncă
Queijo	Brânză
Tomate	Roșie
Trigo	Grâu
Uva	Struguri

Comida #1
Alimente #1

Açúcar	Zahăr
Alho	Usturoi
Amendoim	Arahidă
Atum	Ton
Bolo	Tort
Canela	Scorțișoară
Cebola	Ceapă
Cenoura	Morcov
Cevada	Orz
Damasco	Caisă
Espinafre	Spanac
Leite	Lapte
Limão	Lămâie
Manjericão	Busuioc
Morango	Căpșună
Nabo	Nap
Sal	Sare
Salada	Salată
Sopa	Supă
Suco	Suc

Corpo Humano
Corpul Uman

Boca	Gură
Cabeça	Cap
Cérebro	Creier
Coração	Inimă
Cotovelo	Cot
Dedo	Deget
Joelho	Genunchi
Mandíbula	Falcă
Mão	Mână
Nariz	Nas
Olho	Ochi
Ombro	Umăr
Orelha	Ureche
Pele	Piele
Perna	Picior
Pescoço	Gât
Queixo	Bărbie
Sangue	Sânge
Testa	Frunte
Tornozelo	Gleznă

Cozinha
Bucătărie

Avental	Șorț
Chaleira	Ceainic
Colheres	Linguri
Concha	Polonic
Cups	Cupe
Especiarias	Condimente
Esponja	Burete
Facas	Cuțite
Forno	Cuptor
Freezer	Congelator
Garfos	Furci
Geladeira	Frigider
Grelha	Grătar
Guardanapo	Șervețel
Jar	Borcan
Jarro	Ulcior
Pauzinhos	Bețișoare
Receita	Rețetă
Tigela	Castron

Criatividade
Creativitate

Artístico	Artistic
Autenticidade	Autenticitate
Clareza	Claritate
Dramático	Dramatic
Emoções	Emoţii
Espontânea	Spontan
Expressão	Expresie
Fluidez	Fluiditate
Habilidade	Îndemânare
Imagem	Imagine
Imaginação	Imaginaţie
Impressão	Impresie
Inspiração	Inspiraţie
Intensidade	Intensitate
Intuição	Intuiţie
Inventivo	Inventiv
Sensação	Senzaţie
Sentimentos	Sentimente
Visões	Viziuni
Vitalidade	Vitalitate

Dança
Dance

Academia	Academie
Alegre	Vesel
Arte	Artă
Clássico	Clasic
Coreografia	Coregrafie
Corpo	Corp
Cultura	Cultură
Cultural	Cultural
Emoção	Emoţie
Ensaio	Repetiţie
Expressivo	Expresiv
Graça	Graţie
Movimento	Mişcare
Música	Muzică
Parceiro	Partener
Postura	Postură
Ritmo	Ritm
Tradicional	Tradiţional
Visual	Vizual

Dias e Meses
Zile şi Lunile

Abril	Aprilie
Agosto	August
Ano	An
Calendário	Calendar
Dezembro	Decembrie
Domingo	Duminică
Fevereiro	Februarie
Janeiro	Ianuarie
Julho	Iulie
Junho	Iunie
Mês	Lună
Novembro	Noiembrie
Outubro	Octombrie
Quinta-Feira	Joi
Sábado	Sâmbătă
Segunda-Feira	Luni
Semana	Săptămână
Setembro	Septembrie
Sexta-Feira	Vineri
Terça	Marţi

Diplomacia
Diplomaţie

Cidadãos	Cetăţeni
Comunidade	Comunitate
Conflito	Conflict
Consultor	Consilier
Cooperação	Cooperare
Diplomático	Diplomatic
Discussão	Discuţie
Embaixada	Ambasadă
Embaixador	Ambasador
Ética	Etică
Governo	Guvern
Humanitário	Umanitar
Integridade	Integritate
Justiça	Dreptate
Línguas	Limbi
Política	Politică
Resolução	Rezoluţie
Segurança	Securitate
Solução	Soluţie
Tratado	Tratat

Dirigindo
Conducere

Acidente	Accident
Carro	Maşină
Combustível	Combustibil
Cuidado	Prudenţă
Estrada	Drum
Freios	Frâne
Garagem	Garaj
Gás	Gaz
Licença	Licenţă
Mapa	Hartă
Motocicleta	Motocicletă
Motor	Motor
Pedestre	Pieton
Perigo	Pericol
Polícia	Politie
Rua	Stradă
Segurança	Siguranţă
Transporte	Transport
Tráfego	Trafic
Túnel	Tunel

Disciplinas Científicas
Disciplinele Ştiinţifice

Anatomia	Anatomie
Arqueologia	Arheologie
Astronomia	Astronomie
Biologia	Biologie
Bioquímica	Biochimie
Botânica	Botanică
Cinesiologia	Kinetoterapie
Ecologia	Ecologie
Fisiologia	Fiziologie
Geologia	Geologie
Imunologia	Imunologie
Linguística	Lingvistică
Meteorologia	Meteorologie
Mineralogia	Mineralogie
Neurologia	Neurologie
Psicologia	Psihologie
Química	Chimie
Sociologia	Sociologie
Termodinâmica	Termodinamică
Zoologia	Zoologie

Doença
Boală

Abdominal	Abdominal
Agudo	Acut
Alergias	Alergii
Contagioso	Contagios
Coração	Inimă
Corpo	Corp
Crônica	Cronic
Fraco	Slab
Genético	Genetic
Hereditário	Ereditar
Imunidade	Imunitate
Inflamação	Iritare
Lombar	Lombar
Neuropatia	Neuropatie
Ossos	Oase
Pulmonar	Pulmonar
Respiratório	Respiratorii
Saúde	Sănătate
Síndrome	Sindrom
Terapia	Terapie

Ecologia
Ecologie

Clima	Climat
Comunidades	Comunități
Diversidade	Diversitate
Espécies	Specie
Fauna	Faună
Flora	Floră
Global	Global
Habitat	Habitat
Marinho	Marin
Natural	Firesc
Natureza	Natură
Pântano	Mlaștină
Plantas	Plante
Recursos	Resurse
Seca	Secetă
Sobrevivência	Supraviețuire
Sustentável	Durabilă
Variedade	Varietate
Vegetação	Vegetație
Voluntários	Voluntari

Edifícios
Constructii

Apartamento	Apartament
Castelo	Castel
Celeiro	Hambar
Cinema	Cinema
Embaixada	Ambasadă
Escola	Școală
Estádio	Stadion
Fazenda	Fermă
Fábrica	Fabrică
Garagem	Garaj
Hospital	Spital
Hotel	Hotel
Laboratório	Laborator
Museu	Muzeu
Observatório	Observator
Supermercado	Supermarket
Teatro	Teatru
Tenda	Cort
Torre	Turn
Universidade	Universitate

Emoções
Emoții

Alegria	Bucurie
Amor	Dragoste
Animado	Excitat
Bem-Aventurança	Fericire
Bondade	Bunătate
Calmo	Calm
Conteúdo	Conținut
Envergonhado	Jenat
Grato	Recunoscător
Medo	Frică
Paz	Pace
Raiva	Furie
Relaxado	Relaxat
Satisfeito	Satisfăcut
Simpatia	Simpatie
Ternura	Sensibilitate
Tédio	Plictiseală
Tranquilidade	Liniște
Tristeza	Tristețe

Energia
Energie

Ambiente	Mediu
Bateria	Baterie
Calor	Căldură
Carbono	Carbon
Combustível	Combustibil
Diesel	Motorină
Elétrico	Electric
Elétron	Electron
Entropia	Entropie
Fóton	Foton
Gasolina	Benzină
Hidrogênio	Hidrogen
Indústria	Industrie
Motor	Motor
Nuclear	Nuclear
Poluição	Poluare
Renovável	Regenerabile
Sol	Soare
Turbina	Turbină
Vento	Vânt

Engenharia
Inginerie

Atrito	Frecare
Ângulo	Unghi
Cálculo	Calcul
Construção	Construcție
Diagrama	Diagramă
Diâmetro	Diametru
Diesel	Motorină
Dimensões	Dimensiuni
Distribuição	Distribuție
Eixo	Axă
Energia	Energie
Estabilidade	Stabilitate
Estrutura	Structura
Força	Tărie
Líquido	Lichid
Máquina	Mașină
Medição	Măsurare
Motor	Motor
Profundidade	Adâncime
Propulsão	Propulsie

Especiarias
Condimente

Açafrão	Şofran
Alcaçuz	Lemn Dulce
Alho	Usturoi
Amargo	Amar
Anis	Anason
Azedo	Acru
Baunilha	Vanilie
Canela	Scorţişoară
Cardamomo	Cardamom
Caril	Curry
Cebola	Ceapă
Coentro	Coriandru
Cominho	Chimion
Doce	Dulce
Funcho	Fenicul
Gengibre	Ghimbir
Noz-Moscada	Nucşoară
Pimenta	Piper
Sabor	Aromă
Sal	Sare

Ética
Etica

Altruísmo	Altruism
Bondade	Bunătate
Compaixão	Compasiune
Cooperação	Cooperare
Dignidade	Demnitate
Diplomático	Diplomatic
Filosofia	Filozofie
Honestidade	Onestitate
Humanidade	Umanitate
Individualismo	Individualism
Integridade	Integritate
Otimismo	Optimism
Paciência	Răbdare
Racionalidade	Raţionalitate
Razoável	Rezonabil
Realismo	Realism
Respeitoso	Respectuos
Sabedoria	Înţelepciune
Tolerância	Toleranţă
Valores	Valori

Família
Familie

Antepassado	Strămoş
Avó	Bunica
Criança	Copil
Crianças	Copii
Esposa	Soţie
Filha	Fiica
Infância	Copilărie
Irmã	Sora
Irmão	Frate
Marido	Soţul
Materno	Matern
Mãe	Mamă
Neto	Nepot
Pai	Tată
Paterno	Patern
Primo	Văr
Sobrinha	Nepoată
Sobrinho	Nepot
Tia	Mătuşă
Tio	Unchi

Fazenda #1
Ferma # 1

Abelha	Albină
Agricultura	Agricultură
Arroz	Orez
Água	Apă
Bezerro	Viţel
Burro	Măgar
Cabra	Capră
Campo	Câmp
Cavalo	Cal
Cão	Câine
Cerca	Gard
Corvo	Cioară
Feno	Fân
Fertilizante	Îngrăşământ
Frango	Pui
Gato	Pisică
Mel	Miere
Porco	Porc
Rebanho	Turmă
Vaca	Vacă

Fazenda #2
Ferma # 2

Agricultor	Fermier
Animais	Animale
Celeiro	Hambar
Cevada	Orz
Colmeia	Stup
Cordeiro	Miel
Fruta	Fruct
Irrigação	Irigare
Leite	Lapte
Lhama	Lamă
Maduro	Copt
Milho	Porumb
Ovelha	Oaie
Pastor	Păstor
Pato	Raţă
Pomar	Livadă
Prado	Luncă
Trator	Tractor
Trigo	Grâu
Vegetal	Vegetal

Férias #2
Vacanţă #2

Acampamento	Camping
Aeroporto	Aeroport
Destino	Destinaţie
Estrangeiro	Străin
Feriado	Vacanţă
Fotos	Fotografii
Hotel	Hotel
Ilha	Insulă
Lazer	Timp Liber
Mapa	Hartă
Mar	Mare
Passaporte	Paşaport
Praia	Plajă
Reservas	Rezervări
Restaurante	Restaurant
Táxi	Taxi
Tenda	Cort
Transporte	Transport
Viagem	Călătorie
Visto	Viză

Ficção Científica
Operă Ştiinţifico-Fantas

Atómico	Atomic
Cinema	Cinema
Distante	Îndepărtat
Distopia	Distopie
Explosão	Explozie
Extremo	Extrem
Fantástico	Fantastic
Fogo	Foc
Futurista	Futurist
Galáxia	Galaxie
Ilusão	Iluzie
Imaginário	Imaginar
Livros	Cărţi
Misterioso	Misterios
Mundo	Lume
Oráculo	Oracol
Planeta	Planetă
Robôs	Roboţi
Tecnologia	Tehnologie
Utopia	Utopie

Filantropia
Filantropie

Caridade	Caritate
Comunidade	Comunitate
Contatos	Contacte
Crianças	Copii
Desafios	Provocări
Finança	Finanţa
Fundos	Fonduri
Generosidade	Generozitate
Global	Global
Grupos	Grupuri
História	Istorie
Honestidade	Onestitate
Humanidade	Umanitate
Juventude	Tineret
Missão	Misiune
Necessidade	Nevoie
Objetivos	Obiectivele
Pessoas	Oameni
Programas	Programe
Público	Public

Física
Fizică

Aceleração	Accelerare
Átomo	Atom
Caos	Haos
Densidade	Densitate
Elétron	Electron
Expansão	Expansiune
Fórmula	Formulă
Frequência	Frecvenţă
Gás	Gaz
Gravidade	Gravitaţie
Magnetismo	Magnetism
Massa	Masă
Mecânica	Mecanica
Molécula	Moleculă
Motor	Motor
Nuclear	Nuclear
Partícula	Particulă
Químico	Chimic
Relatividade	Relativitate
Universal	Universal

Flores
Flori

Buquê	Buchet
Dente-De-Leão	Păpădie
Gardênia	Gardenie
Hibisco	Hibiscus
Jasmim	Iasomie
Lavanda	Lavandă
Lilás	Liliac
Lírio	Crin
Magnólia	Magnolie
Margarida	Margaretă
Narciso	Narcisă
Orquídea	Orhidee
Papoula	Mac
Peônia	Bujor
Pétala	Petală
Plumeria	Plumeria
Rosa	Trandafir
Trevo	Trifoi
Tulipa	Lalea

Floresta Tropical
Pădurea Tropicală

Anfíbios	Amfibieni
Botânico	Botanic
Clima	Climat
Comunidade	Comunitate
Diversidade	Diversitate
Espécies	Specie
Indígena	Indigene
Insetos	Insecte
Mamíferos	Mamifere
Musgo	Muşchi
Natureza	Natură
Nuvens	Nori
Pássaros	Păsări
Preservação	Conservare
Refúgio	Refugiu
Respeito	Respect
Restauração	Restaurare
Selva	Junglă
Sobrevivência	Supravieţuire
Valioso	Valoros

Força e Gravidade
Forţa şi Gravitatea

Atrito	Frecare
Centro	Centru
Descoberta	Descoperire
Dinâmico	Dinamic
Distância	Distanţă
Eixo	Axă
Expansão	Expansiune
Física	Fizică
Impacto	Impact
Magnetismo	Magnetism
Magnitude	Magnitudine
Mecânica	Mecanica
Órbita	Orbită
Peso	Greutate
Planetas	Planete
Pressão	Presiune
Propriedades	Proprietăţi
Rapidez	Viteză
Tempo	Timp
Universal	Universal

Formas
Forme

Arco	Arc
Canto	Colţ
Cilindro	Cilindru
Círculo	Cerc
Cone	Con
Cubo	Cub
Curva	Curbă
Elipse	Elipsă
Esfera	Sferă
Hipérbole	Hiperbolă
Lado	Parte
Linha	Linia
Oval	Oval
Pirâmide	Piramidă
Polígono	Poligon
Prisma	Prismă
Quadrado	Pătrat
Retângulo	Dreptunghi
Triângulo	Triunghi

Frutas
Fructe

Abacate	Avocado
Abacaxi	Ananas
Amora	Mure
Baga	Bacă
Banana	Banană
Cereja	Cireaşă
Coco	Nucă de Cocos
Damasco	Caisă
Figo	Fig
Framboesa	Zmeură
Kiwi	Kiwi
Laranja	Portocaliu
Limão	Lămâie
Maçã	Măr
Mamão	Papaya
Manga	Mango
Nectarina	Nectarină
Pera	Pară
Pêssego	Piersică
Uva	Struguri

Geografia
Geografie

Altitude	Altitudine
Atlas	Atlas
Cidade	Oraş
Continente	Continent
Hemisfério	Emisferă
Ilha	Insulă
Latitude	Latitudine
Mapa	Hartă
Mar	Mare
Meridiano	Meridian
Montanha	Munte
Mundo	Lume
Norte	Nord
Oceano	Ocean
Oeste	Vest
País	Ţară
Região	Regiune
Rio	Râu
Sul	Sud
Território	Teritoriu

Geologia
Geologie

Ácido	Acid
Camada	Strat
Caverna	Cavernă
Cálcio	Calciu
Continente	Continent
Coral	Coral
Cristais	Cristale
Erosão	Eroziune
Estalactite	Stalactit
Estalagmites	Stalagmite
Fóssil	Fosil
Lava	Lavă
Minerais	Minerale
Pedra	Piatră
Platô	Platou
Quartzo	Cuarţ
Sal	Sare
Terremoto	Cutremur
Vulcão	Vulcan
Zona	Zonă

Geometria
Geometrie

Altura	Înălţime
Ângulo	Unghi
Cálculo	Calcul
Círculo	Cerc
Curva	Curbă
Diâmetro	Diametru
Dimensão	Dimensiune
Equação	Ecuaţie
Horizontal	Orizontală
Lógica	Logică
Massa	Masă
Mediana	Mediană
Paralelo	Paralel
Proporção	Proporţie
Segmento	Segment
Simetria	Simetrie
Superfície	Suprafaţă
Teoria	Teorie
Triângulo	Triunghi
Vertical	Vertical

Governo
Guvern

Cidadania	Cetăţenie
Civil	Civil
Constituição	Constituţie
Democracia	Democraţie
Discurso	Vorbire
Discussão	Discuţie
Distrito	District
Estado	Stat
Igualdade	Egalitate
Independência	Independenţă
Judicial	Juridic
Justiça	Dreptate
Lei	Lege
Liberdade	Libertate
Líder	Lider
Monumento	Monument
Nacional	Naţional
Nação	Naţiune
Política	Politică
Símbolo	Simbol

Herbalismo
Plante Medicinale

Açafrão	Șofran
Alecrim	Rozmarin
Alho	Usturoi
Aromático	Aromat
Benéfico	Benefic
Coentro	Coriandru
Estragão	Tarhon
Flor	Floare
Funcho	Fenicul
Ingrediente	Ingredient
Jardim	Grădină
Lavanda	Lavandă
Manjericão	Busuioc
Manjerona	Maghiran
Planta	Plantă
Qualidade	Calitate
Sabor	Aromă
Salsa	Pătrunjel
Tomilho	Cimbru
Verde	Verde

Imigração
Imigrație

Administração	Administrare
Adultos	Adulți
Ajuda	Ajutor
Aprovação	Aprobare
Comunicação	Comunicare
Crianças	Copii
Documentos	Documente
Estresse	Stres
Financiamento	Finanțarea
Fronteiras	Frontiere
Habitação	Locuință
Lei	Lege
Língua	Limba
Negociação	Negociere
Oficial	Ofiţer
Processo	Proces
Proteção	Protecţie
Situação	Situatie
Solução	Soluţie

Instrumentos Musicais
Instrumente Muzicale

Bandolim	Mandolină
Banjo	Banjo
Clarinete	Clarinet
Fagote	Fagot
Flauta	Flaut
Gaita	Muzicuță
Gongo	Gong
Harpa	Harpă
Marimba	Marimba
Oboé	Oboi
Pandeiro	Tamburină
Percussão	Percuţie
Piano	Pian
Saxofone	Saxofon
Tambor	Tobă
Trombone	Trombon
Trompete	Trompetă
Violão	Chitară
Violino	Vioară
Violoncelo	Violoncel

Jardim
Grădină

Ancinho	Greblă
Arbusto	Tufiş
Árvore	Copac
Banco	Bancă
Cerca	Gard
Ervas Daninhas	Buruieni
Flor	Floare
Garagem	Garaj
Grama	Iarbă
Gramado	Gazon
Jardim	Grădină
Lagoa	Iaz
Maca	Hamac
Mangueira	Furtun
Pá	Lopată
Pomar	Livadă
Solo	Sol
Terraço	Terasă
Trampolim	Trambulină
Varanda	Verandă

Jardinagem
Grădinărind

Água	Apă
Botânico	Botanic
Buquê	Buchet
Clima	Climat
Comestível	Comestibil
Composto	Compost
Espécies	Specie
Exótico	Exotic
Floral	Floral
Folha	Frunză
Folhagem	Frunze
Mangueira	Furtun
Pomar	Livadă
Recipiente	Container
Sazonal	Sezonier
Sementes	Seminţe
Solo	Sol
Sujeira	Murdărie
Umidade	Umiditate

Jazz
Jazz

Artista	Artist
Álbum	Album
Bateria	Tobe
Canção	Cântec
Composição	Compoziţie
Compositor	Compozitor
Concerto	Concert
Estilo	Stil
Ênfase	Accent
Famoso	Celebru
Favoritos	Favorite
Gênero	Gen
Improvisação	Improvizaţie
Música	Muzică
Novo	Nou
Orquestra	Orchestră
Ritmo	Ritm
Talento	Talent
Técnica	Tehnică
Velho	Vechi

Literatura
Literatură

Analogia	Analogie
Análise	Analiză
Anedota	Anecdotă
Autor	Autor
Biografia	Biografie
Comparação	Comparaţie
Conclusão	Concluzie
Descrição	Descriere
Diálogo	Dialog
Estilo	Stil
Ficção	Ficţiune
Metáfora	Metaforă
Narrador	Narator
Opinião	Opinie
Poema	Poem
Rima	Rimă
Ritmo	Ritm
Romance	Roman
Tema	Temă
Tragédia	Tragedie

Livros
Cărţi

Autor	Autor
Aventura	Aventură
Coleção	Colecţie
Contexto	Context
Dualidade	Dualitate
Escrito	Scris
Épico	Epic
História	Poveste
Histórico	Istoric
Inventivo	Inventiv
Leitor	Cititor
Literário	Literar
Narrador	Narator
Página	Pagină
Poema	Poem
Poesia	Poezie
Relevante	Relevant
Romance	Roman
Série	Serie
Trágico	Tragic

Mamíferos
Mamiferele

Baleia	Balenă
Camelo	Cămilă
Canguru	Cangur
Castor	Castor
Cavalo	Cal
Cão	Câine
Coelho	Iepure
Coiote	Coiot
Elefante	Elefant
Gato	Pisică
Girafa	Girafă
Golfinho	Delfin
Gorila	Gorilă
Leão	Leu
Lobo	Lup
Macaco	Maimuţă
Ovelha	Oaie
Raposa	Vulpe
Touro	Taur
Zebra	Zebră

Matemática
Matematică

Aritmética	Aritmetică
Ângulos	Unghiuri
Circunferência	Circumferinţă
Decimal	Zecimal
Diâmetro	Diametru
Equação	Ecuaţie
Expoente	Exponent
Fração	Fracţiune
Geometria	Geometrie
Paralelo	Paralel
Paralelogramo	Paralelogram
Perímetro	Perimetru
Perpendicular	Perpendicular
Polígono	Poligon
Raio	Rază
Retângulo	Dreptunghi
Simetria	Simetrie
Soma	Sumă
Triângulo	Triunghi
Volume	Volum

Material de Arte
Materiale de Artă

Acrílico	Acrilic
Apagador	Radieră
Aquarelas	Acuarele
Argila	Lut
Água	Apă
Cadeira	Scaun
Carvão	Cărbune
Cavalete	Şevalet
Câmera	Aparat Foto
Cola	Lipici
Cores	Culori
Criatividade	Creativitate
Escovas	Perii
Lápis	Creioane
Mesa	Tabel
Óleo	Ulei
Papel	Hârtie
Pastels	Pasteluri
Tinta	Cerneală
Tintas	Vopsele

Medições
Măsurătorile

Altura	Înălţime
Byte	Byte
Centímetro	Centimetru
Comprimento	Lungime
Decimal	Zecimal
Grama	Gram
Grau	Grad
Largura	Lăţime
Litro	Litru
Massa	Masă
Metro	Metru
Minuto	Minut
Onça	Uncie
Peso	Greutate
Polegada	Inch
Profundidade	Adâncime
Quilograma	Kilogram
Quilômetro	Kilometru
Tonelada	Tonă
Volume	Volum

Meditação
Meditaţie

Aceitação	Acceptare
Acordado	Treaz
Atenção	Atenţie
Bondade	Bunătate
Clareza	Claritate
Compaixão	Compasiune
Emoções	Emoţii
Gratidão	Recunoştinţă
Hábitos	Obiceiuri
Mental	Mental
Mente	Minte
Movimento	Mişcare
Música	Muzică
Natureza	Natură
Observação	Observare
Paz	Pace
Pensamentos	Gânduri
Perspectiva	Perspectivă
Postura	Postură
Silêncio	Tăcere

Mitologia
Mitologie

Arquétipo	Arhetip
Ciúmes	Gelozie
Comportamento	Comportament
Criação	Creare
Criatura	Făptură
Cultura	Cultură
Desastre	Dezastru
Força	Tărie
Guerreiro	Războinic
Heroína	Eroina
Herói	Erou
Imortalidade	Nemurire
Labirinto	Labirint
Lenda	Legendă
Mágico	Magic
Monstro	Monstru
Mortal	Muritor
Relâmpago	Fulger
Trovão	Tunet
Vingança	Răzbunare

Moda
Modă

Acessível	Accesibil
Bordado	Broderie
Botões	Butoane
Boutique	Butic
Caro	Scump
Confortável	Confortabil
Elegante	Elegant
Estilo	Stil
Medidas	Măsurători
Minimalista	Minimalist
Moderno	Modern
Modesto	Modest
Original	Original
Prático	Practic
Renda	Dantelă
Roupa	Îmbrăcăminte
Simples	Simplu
Tecido	Ţesătură
Tendência	Tendinţă
Textura	Textură

Música
Muzica

Álbum	Album
Balada	Baladă
Cantar	Cânta
Cantor	Cântăreţ
Clássico	Clasic
Coro	Cor
Gravação	Înregistrare
Harmonia	Armonie
Improvisar	Improviza
Instrumento	Instrument
Lírico	Liric
Melodia	Melodie
Microfone	Microfon
Musical	Muzical
Músico	Muzician
Ópera	Operă
Poético	Poetic
Ritmo	Ritm
Tempo	Tempo
Vocal	Vocal

Natureza
Natura

Abelhas	Albine
Abrigo	Adăpost
Animais	Animale
Ártico	Arctic
Beleza	Frumuseţe
Deserto	Deşert
Dinâmico	Dinamic
Erosão	Eroziune
Floresta	Pădure
Folhagem	Frunze
Geleira	Gheţar
Nevoeiro	Ceaţă
Nuvens	Nori
Pacífico	Paşnică
Rio	Râu
Santuário	Sanctuar
Selvagem	Sălbatic
Sereno	Senin
Tropical	Tropical
Vital	Vital

Negócios
Afaceri

Carreira	Carieră
Custo	Cost
Desconto	Reducere
Dinheiro	Bani
Economia	Economie
Empregado	Angajat
Empregador	Angajator
Empresa	Companie
Escritório	Birou
Fábrica	Fabrică
Finança	Finanţa
Impostos	Taxe
Investimento	Investiţii
Loja	Magazin
Lucro	Profit
Mercadoria	Marfă
Moeda	Valută
Orçamento	Buget
Rendimento	Venituri
Venda	Vânzare

Nutrição
Alimentație

Amargo	Amar
Apetite	Apetit
Calorias	Calorii
Carboidratos	Glucide
Comestível	Comestibil
Dieta	Dietă
Digestão	Digestie
Equilibrado	Echilibrat
Fermentação	Fermentaţie
Líquidos	Lichide
Molho	Sos
Nutriente	Nutrient
Peso	Greutate
Proteínas	Proteine
Qualidade	Calitate
Sabor	Aromă
Saudável	Sănătos
Saúde	Sănătate
Toxina	Toxină
Vitamina	Vitamină

Números
Numerele

Cinco	Cinci
Decimal	Zecimal
Dez	Zece
Dezesseis	Şaisprezece
Dezessete	Şaptesprezece
Dezoito	Optsprezece
Dois	Doi
Doze	Doisprezece
Nove	Nouă
Oito	Opt
Quatorze	Paisprezece
Quatro	Patru
Quinze	Cincisprezece
Seis	Şase
Sete	Şapte
Treze	Treisprezece
Três	Trei
Um	Unu
Vinte	Douăzeci
Zero	Zero

Oceano
Ocean

Alga	Alge
Atum	Ton
Baleia	Balenă
Barco	Barcă
Camarão	Crevetă
Caranguejo	Crab
Coral	Coral
Enguia	Anghilă
Esponja	Burete
Golfinho	Delfin
Marés	Maree
Medusa	Meduze
Ondas	Valuri
Ostra	Stridie
Peixe	Peşte
Polvo	Caracatiţă
Recife	Recif
Sal	Sare
Tempestade	Furtună
Tubarão	Rechin

Paisagens
Peisaje

Cascata	Cascadă
Caverna	Peşteră
Colina	Deal
Deserto	Deşert
Geleira	Gheţar
Golfo	Golf
Iceberg	Aisberg
Ilha	Insulă
Lago	Lac
Mar	Mare
Montanha	Munte
Oásis	Oază
Oceano	Ocean
Pântano	Mlaştină
Península	Peninsulă
Praia	Plajă
Rio	Râu
Tundra	Tundră
Vale	Vale
Vulcão	Vulcan

Países #1
Ţările #1

Alemanha	Germania
Brasil	Brazilia
Camboja	Cambodgia
Canadá	Canada
Egito	Egipt
Equador	Ecuador
Espanha	Spania
Finlândia	Finlanda
Iraque	Irak
Israel	Israel
Itália	Italia
Índia	India
Mali	Mali
Marrocos	Maroc
Nicarágua	Nicaragua
Noruega	Norvegia
Panamá	Panama
Polônia	Polonia
Senegal	Senegal
Venezuela	Venezuela

Países #2
Ţările #2

Albânia	Albania
Dinamarca	Danemarca
França	Franţa
Grécia	Grecia
Haiti	Haiti
Indonésia	Indonezia
Irlanda	Irlanda
Jamaica	Jamaica
Japão	Japonia
Laos	Laos
Líbano	Liban
México	Mexic
Nepal	Nepal
Nigéria	Nigeria
Paquistão	Pakistan
Rússia	Rusia
Síria	Siria
Somália	Somalia
Ucrânia	Ucraina
Uganda	Uganda

Pássaros
Păsări

Avestruz	Struț
Águia	Vultur
Cegonha	Barză
Cisne	Lebădă
Corvo	Cioară
Cuco	Cuc
Flamingo	Flamingo
Frango	Pui
Gaivota	Pescăruș
Ganso	Gâscă
Garça	Stârc
Ovo	Ou
Papagaio	Papagal
Pardal	Vrabie
Pato	Rață
Pavão	Păun
Pelicano	Pelican
Pinguim	Pinguin
Pombo	Porumbel
Tucano	Toucan

Pesca
Pescuit

Água	Apă
Barbatanas	Aripioare
Barco	Barcă
Brânquias	Branhii
Cesta	Coș
Cozinhar	Bucătar
Equipamento	Echipament
Exagero	Exagerare
Fio	Sârmă
Gancho	Cârlig
Isca	Momeală
Lago	Lac
Mandíbula	Falcă
Oceano	Ocean
Paciência	Răbdare
Peso	Greutate
Praia	Plajă
Rio	Râu
Temporada	Sezon

Plantas
Plante

Arbusto	Tufiș
Árvore	Copac
Baga	Bacă
Bambu	Bambus
Botânica	Botanică
Cacto	Cactus
Feijão	Fasole
Fertilizante	Îngrășământ
Flor	Floare
Flora	Floră
Floresta	Pădure
Folha	Frunză
Folhagem	Frunze
Grama	Iarbă
Hera	Iederă
Jardim	Grădină
Musgo	Mușchi
Pétala	Petală
Raiz	Rădăcină
Vegetação	Vegetație

Profissões #1
Profesiile #1

Advogado	Avocat
Alfaiate	Croitor
Artista	Artist
Astrônomo	Astronom
Banqueiro	Bancher
Bombeiro	Pompier
Caçador	Vânător
Cartógrafo	Cartograf
Cientista	Om de Știință
Dançarino	Dansator
Editor	Editor
Embaixador	Ambasador
Encanador	Instalator
Geólogo	Geolog
Joalheiro	Bijutier
Marinheiro	Marinar
Músico	Muzician
Pianista	Pianist
Psicólogo	Psiholog
Veterinário	Veterinar

Profissões #2
Profesiile #2

Agricultor	Fermier
Astronauta	Astronaut
Bibliotecário	Bibliotecar
Biólogo	Biolog
Cirurgião	Chirurg
Dentista	Dentist
Engenheiro	Inginer
Filósofo	Filozof
Fotógrafo	Fotograf
Ilustrador	Ilustrator
Inventor	Inventator
Investigador	Cercetător
Jardineiro	Grădinar
Jornalista	Jurnalist
Linguista	Lingvist
Médico	Medic
Piloto	Pilot
Pintor	Pictor
Professor	Profesor
Zoólogo	Zoolog

Psicologia
Psihologie

Avaliação	Evaluare
Clínico	Clinic
Comportamento	Comportament
Compromisso	Programare
Conflito	Conflict
Ego	Ego
Emoções	Emoții
Experiências	Experiențe
Inconsciente	Inconștient
Infância	Copilărie
Influências	Influențe
Pensamentos	Gânduri
Percepção	Percepție
Personalidade	Personalitate
Problema	Problemă
Realidade	Realitate
Sensação	Senzație
Sonhos	Vise
Subconsciente	Subconștient
Terapia	Terapie

Química
Chimie

Alcalino	Alcalin
Ácido	Acid
Calor	Căldură
Carbono	Carbon
Catalisador	Catalizator
Cloro	Clor
Elementos	Elemente
Elétron	Electron
Enzima	Enzimă
Gás	Gaz
Hidrogênio	Hidrogen
Íon	Ion
Líquido	Lichid
Molécula	Moleculă
Nuclear	Nuclear
Orgânico	Organic
Oxigénio	Oxigen
Peso	Greutate
Sal	Sare
Temperatura	Temperatura

Restaurante # 2
Restaurantul #2

Almoço	Prânz
Aperitivo	Aperitiv
Água	Apă
Bebida	Băutură
Bolo	Tort
Cadeira	Scaun
Colher	Lingură
Delicioso	Delicios
Especiarias	Condimente
Fruta	Fruct
Garçom	Chelner
Garfo	Furcă
Gelo	Gheață
Jantar	Cina
Legumes	Legume
Ovo	Ouă
Peixe	Pește
Sal	Sare
Salada	Salată
Sopa	Supă

Roupas
Haine

Avental	Șorț
Blusa	Bluză
Calça	Pantaloni
Camisa	Cămașă
Casaco	Haina
Chapéu	Pălărie
Cinto	Curea
Colar	Colier
Jaqueta	Sacou
Jeans	Blugi
Luvas	Mănuși
Meias	Șosete
Moda	Modă
Pijama	Pijama
Pulseira	Brățară
Saia	Fusta
Sandálias	Sandale
Sapato	Pantof
Suéter	Pulover
Vestido	Rochie

Saúde e Bem-Estar #1
Sănătate și Bunăstare #1

Altura	Înălțime
Ativo	Activ
Bactérias	Bacterii
Clínica	Clinica
Doutor	Doctor
Farmácia	Farmacie
Fome	Foame
Fratura	Fractură
Hábito	Obicei
Hormones	Hormoni
Medicina	Medicină
Nervos	Nervi
Ossos	Oase
Pele	Piele
Postura	Postură
Reflexo	Reflex
Relaxamento	Relaxare
Terapia	Terapie
Tratamento	Tratament
Vírus	Virus

Saúde e Bem-Estar #2
Sănătate și Bunăstare #2

Alergia	Alergie
Anatomia	Anatomie
Apetite	Apetit
Caloria	Calorii
Corpo	Corp
Dieta	Dietă
Digestão	Digestie
Doença	Boala
Energia	Energie
Genética	Genetică
Higiene	Igienă
Hospital	Spital
Humor	Dispozitie
Infecção	Infecție
Massagem	Masaj
Peso	Greutate
Recuperação	Recuperare
Sangue	Sânge
Saudável	Sănătos
Vitamina	Vitamină

Tempo
Timp

Agora	Acum
Ano	An
Antes	Înainte
Anual	Anual
Calendário	Calendar
Década	Deceniu
Dia	Zi
Futuro	Viitor
Hoje	Azi
Hora	Oră
Manhã	Dimineață
Meio-Dia	Amiază
Mês	Lună
Minuto	Minut
Momento	Clipă
Noite	Noapte
Ontem	Ieri
Relógio	Ceas
Semana	Săptămână
Século	Secol

Tipos de Cabelo
Tipuri de Par

Branco	Alb
Brilhante	Lucios
Cachos	Bucle
Careca	Chel
Cinza	Gri
Colori	Colorate
Encaracolado	Cret
Fino	Subțire
Grosso	Gros
Loiro	Blond
Longo	Lung
Marrom	Maro
Ondulado	Ondulat
Prata	Argint
Preto	Negru
Saudável	Sănătos
Seco	Uscat
Suave	Moale
Trançado	Împletit
Tranças	Împletituri

Universo
Universul

Asteróide	Asteroid
Astronomia	Astronomie
Astrônomo	Astronom
Atmosfera	Atmosferă
Celestial	Ceresc
Céu	Cer
Cósmico	Cosmic
Equador	Ecuator
Galáxia	Galaxie
Hemisfério	Emisferă
Horizonte	Orizont
Latitude	Latitudine
Longitude	Longitudine
Lua	Luna
Órbita	Orbită
Solar	Solar
Solstício	Solstițiu
Telescópio	Telescop
Visível	Vizibil
Zodíaco	Zodiac

Vegetais
Legume

Abóbora	Dovleac
Aipo	Țelină
Alcachofra	Anghinare
Alho	Usturoi
Batata	Cartof
Beringela	Vânătă
Brócolis	Broccoli
Cebola	Ceapă
Cenoura	Morcov
Chalota	Șalotă
Cogumelo	Ciupercă
Ervilha	Mazăre
Espinafre	Spanac
Gengibre	Ghimbir
Nabo	Nap
Pepino	Castravete
Rabanete	Ridiche
Salada	Salată
Salsa	Pătrunjel
Tomate	Roșie

Veículos
Autovehicule

Ambulância	Ambulanță
Avião	Avion
Balsa	Bac
Barco	Barcă
Bicicleta	Bicicletă
Caminhão	Camion
Caravana	Caravană
Carro	Mașină
Foguete	Rachetă
Helicóptero	Elicopter
Jangada	Plută
Lambreta	Scuter
Metrô	Metrou
Motor	Motor
Ônibus	Autobuz
Pneus	Anvelope
Submarino	Submarin
Táxi	Taxi
Transporte	Navetă
Trator	Tractor

Parabéns

Conseguiu!

Esperamos que tenha gostado tanto deste livro como nós gostamos de o desenhar. Esforçamo-nos por criar livros da mais alta qualidade possível.
Esta edição foi concebida para proporcionar uma aprendizagem inteligente, de qualidade e divertida!

Gostou deste livro?

Um simples pedido

Estes livros existem graças às críticas que publica.
Pode ajudar-nos, deixando agora uma revisão?

Aqui está um pequeno link para
a sua página de revisão:

BestBooksActivity.com/Avaliacoes50

DESAFIO FINAL!

Desafio n° 1

Está pronto para o seu jogo grátis? Usamo-los a toda a hora, mas não são tão fáceis de encontrar - aqui estão os **Sinônimos!**
Escreva 5 palavras que encontrou nos puzzles (n° 21, n° 36, n° 76) e tente encontrar 2 sinónimos para cada palavra.

Escreva 5 palavras de **Puzzle 21**

Palavras	Sinônimo 1	Sinônimo 2

Escreva 5 palavras de **Puzzle 36**

Palavras	Sinônimo 1	Sinônimo 2

Escreva 5 palavras de **Puzzle 76**

Palavras	Sinônimo 1	Sinônimo 2

Desafio n° 2

Agora que já aqueceu, escreva 5 palavras que encontrou nos Puzzles (n° 9, n° 17 e n° 25) e tente encontrar 2 antônimos para cada palavra. Quantos se podem encontrar em 20 minutos?

Escreva 5 palavras de **Puzzle 9**

Palavras	Antônimo 1	Antônimo 2

Escreva 5 palavras de **Puzzle 17**

Palavras	Antônimo 1	Antônimo 2

Escreva 5 palavras de **Puzzle 25**

Palavras	Antônimo 1	Antônimo 2

Desafio n° 3

Óptimo! Este desafio final não é nada para si.

Pronto para o desafio final? Escolha 10 palavras que tenha descoberto nos diferentes puzzles e escreva-as abaixo.

1.		6.	
2.		7.	
3.		8.	
4.		9.	
5.		10.	

Agora escreva um texto a pensar numa pessoa, num animal ou num lugar de seu agrado.

Pode utilizar a última página deste livro como um rascunho.

A Sua Composição:

CADERNO DE NOTAS:

ATÉ BREVE!

A equipa Inteira